经济管理学术文库·经济类

新时代乡村振兴的启示：
梁漱溟乡村建设理论与实践研究

Enlightenment of Rural Revitalization in the New Era:
Liang Shuming's Theory and Practice of Rural Construction

王华东／著

经济管理出版社
ECONOMY & MANAGEMENT PUBLISHING HOUSE

图书在版编目（CIP）数据

新时代乡村振兴的启示：梁漱溟乡村建设理论与实践研究/王华东著. —北京：经济管理出版社，2020.8

ISBN 978 - 7 - 5096 - 7332 - 4

Ⅰ. ①新… Ⅱ. ①王… Ⅲ. ①梁漱溟（1893—1988）—城乡建设—研究 Ⅳ. ①C912. 82

中国版本图书馆 CIP 数据核字（2020）第 147277 号

组稿编辑：杨国强
责任编辑：杨国强
责任印制：赵亚荣
责任校对：王淑卿

出版发行：经济管理出版社
　　　　　（北京市海淀区北蜂窝 8 号中雅大厦 A 座 11 层　100038）
网　　址：www. E - mp. com. cn
电　　话：（010）51915602
印　　刷：北京玺诚印务有限公司
经　　销：新华书店
开　　本：720mm × 1000mm/16
印　　张：13. 5
字　　数：203 千字
版　　次：2020 年 10 月第 1 版　　2020 年 10 月第 1 次印刷
书　　号：ISBN 978 - 7 - 5096 - 7332 - 4
定　　价：98. 00 元

前　言

　　20 世纪二三十年代，中国乡村现代化建设问题成为理论界研究的焦点。作为中国"乡村建设学派"主要代表人物之一的梁漱溟，对中国乡村社会存在的问题以及出路进行了理论探索和实践努力，提出了"中国文化的失调与重建"的乡村建设思想。目前，学术界大都肯定了梁漱溟乡村建设理论及实践的积极意义，并着重对其理论或认识的误区进行了批判。本书主要以现代化的诉求解读梁漱溟乡村重建的思路，希冀为新时代乡村振兴提供一些历史参照。

　　首先，本书与已有的研究成果一样，说明了梁漱溟的乡村建设问题即文化重建问题。梁漱溟的乡村建设是一个以社会为本位的建设方案。他认同新文化运动代表人物的观点，主张应从文化精神的层面，从根本上解决中国现代化问题；认为近百年来，中华民族之不振，是由于不能适应世界大交通后的新环境而造成的文化上的失败。梁漱溟认为，"中国问题的内涵虽包括有政治问题、经济问题，而实则是一个文化问题——文化亦可概括政治经济在内"。

　　其次，本书诠释了梁漱溟的乡村建设即社会组织机构之建造。梁漱溟找到民族复兴的途径之后，为乡村建设设计了既具有民主精神又与中国传统相契合的"乡农学校"这样一种农村社会组织。这个组织是在引进西方的长处——"科学技术"和"团体精神"的基础上，结合中国儒家传统而设计的一个地方自治组织，并非是国民教育意义上的"学校"。

梁漱溟乡村建设的愿景是通过复兴中国文化达到复兴农村，直至复兴中华民族的目的。为此，他通过建立新的乡村组织，引导农民创造新文化，解决贫困问题。梁漱溟主张通过调和中西文化来构建新的团体理论。由于有中国文化优越的心态，未能真正解决好传统与现代化两者之间的关系。他的乡村改造雷同于"中体西用"的思维，因此不可能带来中西根本精神层面的真正会通。梁漱溟所构建的社会组织虽然经过了政治组织形式的包装，但实质上仍是一个伦理模式而非政体模式。他所要唤起的乡民主体意识实质上是一种道德自觉而非政治主体的觉醒。

梁漱溟的乡村建设运动最终未达到既定的理想，这缘于战争与政治的影响，也缘于一个知识分子的单纯与孤立无依，有它历史的局限性。尽管如此，梁漱溟的乡村建设思想及实践仍为我们留下了诸多经验，也使我们得到了以下两个启示：一是文化创新的基础是体制的创新；二是农村现代化的关键是人的现代化，是唤起乡民的主体和权利意识。

梁漱溟通过乡村建设运动表现了一个近代先进人物的经世态度与执着，他一生坚持着复兴中国文化的宏愿，并施展自己救亡兴国的理想。虽然文化复兴途径没有奏效，但这种拓展中国文化的尝试并不会终止，新时代乡村建设实践必将是一项伟大的世纪事业。

本书在新时代乡村振兴的形势下，对梁漱溟乡村建设重新进行历史考察，同时借鉴山东社科规划研究项目"文化自信视阈下沂蒙抗战文化研究"的一些历史材料和理论方法。在写作过程中，参考、借鉴了近些年学界关于梁漱溟研究的学术成果，尤其是马东玉、崔慧妹等一些学者的资料，也考查了大量的研究理论，形成了本书的体例、观点。由于写作文风、写作体系等方面的要求，所参考的多数学术成果未能在文中——注明，而在书后列出了参考文献，还望相关学者予以理解。另外，本书引号之内的内容，除特别标注参考文献外，引用的全是山东人民出版社于1990年出版的《梁漱溟全集》（1~8卷），以充分利用有限的文章空间。

　　本书的出版，得到了学校、学院和相关同人的支持。因此，要感谢学校和学院领导、同事的帮助和指导！以往对乡村建设等方面没有过多深入的思考与研究，只是感于新时代乡村振兴环境下的历史情怀、梁漱溟乡村建设理论与实践对于中华民族的全面复兴具有些许历史参考价值，故进行了粗浅的涉猎。由于研究经验不足，加上时间仓促，书中难免出现一些疏漏与不当之处，还需各位同人和读者予以指正。

王华东

2020 年 2 月

目　录

第一章　研究概况

　　梁漱溟，近代著名的思想家、社会实践家，新儒学的奠基者。他一生致力于以文化研究为基础进行乡村建设，在近代乡村建设运动史上产生了重要的作用。他的乡村建设理论作品、实践的构想和经验总结在 20 世纪上半叶颇有影响力。国外学者很早就对梁漱溟的乡村建设理论及实践进行了一些探讨，而国内学者大致是从 20 世纪 80 年代初才开始以新的眼光和角度考察其理论与实践，相继涌现了人批有学术价值的成果。

第一节　研究缘起和意义

一、选题背景

　　近代中国的乡村运动，是在迷茫和困惑之中开始的。随着坚船利炮进入中国的西方文明，使中国旧的社会和文化价值体系几近崩溃；同时对中国的乡村社会造成了巨大的冲击。中国面临着前所未有的危机。为了救亡图存、复兴中华，先进的知识分子对中国乡村建设问题进行了大量的思考。为了广大农村的发展建设，他们研究了文化和教育的方式，寻找适合中国国情的发展道路。

作为这个时期的重要人物，梁漱溟是乡村建设运动的领导者和典型代表。他试图建立一种适合中国国情的乡村建设理论，努力矫正直接从西方搬来的城市化导向的现代化发展模式。梁漱溟提出了各种解决方案并在实验区取得了一些成果。他的目的是通过对中国农村的建设改革来实现中华民族复兴。

当前，正处于一个发展变革的新时代，改革和发展成为新的矛盾。这种转型包括政治、经济、社会、文化等各个方面全方位的变化。在经济高速发展过程中，整个社会生活开始出现了一些问题，引起了社会的广泛关注。梁漱溟和他那个时代遭遇的很多情况，正不期而遇地暴露在我们前进的道路上。比如文化价值缺失和农村问题的社会支持等，已经成为我们解决农村问题所面临的巨大挑战。

我们比梁漱溟幸运的是，国家对农村现代化给予高度关注，中国已经远非百年前的满目疮痍，社会经济特别是农村的发展已有天壤之别。党中央强调要将农村问题作为我国政府工作的"重中之重"，并做出了乡村振兴的重大国家战略部署。可以这样说，不解决乡村问题，我国的现代化事业就不可能顺利进行下去，我们社会主义事业也不可能取得成功，因此要把重新思考和研究乡村问题摆到一个突出的位置。现在已经到了一个千载难逢的时机，学习乡村建设前辈的优秀经验和方法才能以史为镜。

鉴于当前国家大力推动乡村振兴，本书在阐述梁漱溟乡村建设相关理论和实践的基础上，通过考察内在价值、挖掘时代内涵，探寻出有助于乡村振兴的一些感言。以期在乡村振兴的过程中，站在梁漱溟等乡村建设家们的肩膀上，看得更远更清晰些。

二、研究对象

本书研究的是梁漱溟的乡村建设理论和实践。乡村建设作为一种政治思潮和社会改造运动，盛行于 20 世纪二三十年代的中国。广义的乡村建设是指以乡村为社会改良的基础和核心的社会建设运动。一切以复兴乡村为宗旨，从事乡村改造实际工作的，时人都称之为乡村建设派。当时的乡村建设遍布全国，但主要的派别有多少，学术界见仁见智。一般认为，最有代表性的是梁漱溟的邹平乡村建设、晏阳初的定县平民教育、陶行知的晓庄生活教育、黄炎培和江问渔的徐公桥职业教育以及高阳和俞庆棠的无锡民众教育等派别。而在这些派别中，梁漱溟最早使用了"乡村建设"一词，其他派别并没有使用，因而狭义的乡村建设派则特指由梁漱溟领导的，以"乡村建设理论"为指导的乡村运动派别。

"乡村建设"一词最早出现是在 1931 年山东乡村建设研究院成立时，之前有称"村治"的，有称"乡治"的，还有称"乡村改进"的。之所以使用"乡村建设"一词，是因为乡村遭到持续破坏，而全国 80% 以上的人口居住在乡村，因此，要解决中国问题就要从最大多数人口居住的乡村入手，所以"不谈建设而已，欲谈建设必须注重乡村建设"。"乡村建设"一词使用不久，即为大多数人所认同和采用。梁漱溟以其最深刻的乡村建设理论和最全面的乡村建设实践成为乡村建设运动的重要代表人物。因此，研究中国现代乡村建设运动或中国现代政治思想史便不能不研究梁漱溟的乡村建设理论及其实践。本书研究的是狭义的乡村建设，即梁漱溟的乡村建设理论和实践。

三、研究意义

（一）研究梁漱溟的乡村建设理论和实践可以使我们重新认识和评价梁漱溟

梁漱溟是 20 世纪中国最重要的思想家之一。他的一生几乎经历了一个世纪，从清末到民国，再到中华人民共和国。他的事业和著作差不多涉及了 20世纪中国的主要事件和运动，其理论涉及中西哲学、佛学、儒学、文化、教育、工业化、农村社会发展等诸多方面。他的乡村建设理论是一种极具时代特征和个人特色的理论，也是其理论体系中的"行动理论"，是梁漱溟其他方面理论的逻辑归宿。更为重要的是，梁漱溟不仅是一位思想家，也是一位社会实践家，尤其是他对自己的乡村建设理论进行了多年实践。

（二）梁漱溟的乡村建设理论和实践在很多方面对于当前乡村振兴都有重要启示

梁漱溟乡村建设理论和实践，在中国 20 世纪二三十年代由知识分子兴起的乡村建设运动中，是最有代表性和影响最大的。乡村建设就是他精心设计的以儒学为指导思想的复兴民族、建设国家、解决中国问题的整套政治方案。可见，梁漱溟所谓"乡村建设"远非"建设乡村""救济乡村"这些经济学上的意义，而是一幅济国救世的宏伟政治蓝图。由于梁漱溟乡村建设理论实践时间短、实践环境恶劣等因素，其乡村建设理论和实践的巨大价值长期被忽视。因此重新考察梁漱溟的乡村建设理论和实践有重要的理论意义，也有很重要的实践意义。

梁漱溟在乡村建设理论中提出了一系列的设计和设想，涉及农村中的政治、经济和社会生活的诸多方面，勾勒了一幅农村新社会的蓝图。他的这些设计和设想对当代中国农村的发展仍富有启发意义。我国目前的农村，虽然比梁漱溟进行乡村建设运动时期有了翻天覆地的变化，但相对于城市的发展、相对于国际上发达国家的农村，即使与我国周边国家和地区如韩国、日本、中国台湾相比也有很大差距。农业、农村、农民问题已经是影响我国整体发展的关键问题。梁漱溟乡村建设实践了几十年，取得了很大的成就，在一定程度上改善了农民的生活，特别是给农村注入了新的活力。其经验对于目前解决乡村问题有着重要启示，对当前的乡村建设有着借鉴意义。

第二节　研究方法与创新之处

一、研究方法

科学研究方法，是人们从事科学研究活动中为实现研究目的而采取的研究措施、方式、技巧、路径和程序，是开展科学研究的有效工具。毛泽东同志曾形象地比喻说："我们的任务是过河，但是没有桥或没有船就不能过。不解决桥或船的问题，过河就是一句空话。不解决方法问题，任务也只能是瞎说一顿。"所以，要实现研究的目的，必须采取科学的研究方法。本书遵循科学研究方法精神，同时根据研究内容具有一定程度的复杂性以及学科交叉的特点，需要突破传统规范式的研究方法，从发展、开放的视野出发，多维度分析研究史料，将文化学研究、社会学研究与历史学研究相结合，选择适用的研究方法。

(一) 坚持历史唯物主义的指导思想

恩格斯指出："现代唯物主义把历史看作人类的发展过程，而它的任务就在于发现这个过程的运动规律。"历史唯物主义是本书的指导思想。历史唯物主义要求历史地、辩证地看待问题。

梁漱溟及其同人所从事的乡村建设事业，当然不是一个革命性的运动，本质上是当时的知识分子乡村改良主义运动，其结局具有历史必然性。但不可否认，无论是梁漱溟乡村建设思想及其实践本身所持的基础和立场，还是批评者基于自身立场所提出的不同甚至反对意见，都是基于当时中国大环境，基于各自对建设之路的不同认识，基于"天下兴亡，匹夫有责"的爱国热情和责任心，对祖国和民族的复兴之路所作出的思考和实践，是值得肯定和继承的。他们对于中国农村的具体分析认识及其建设过程所采取的诸多措施，诸多闪光点给新时代乡村振兴提供了宝贵的经验和借鉴，值得深入研究、细致分析。

因此需要从历史唯物主义观点出发，力求既不脱离当时的国内国际环境，不逃脱历史发展步骤，又遵循时代发展要求，用科学的眼光去寻找那时那地的构想和实践中的合理之处，努力对梁漱溟的乡村建设思想和实践做出一个恰如其分的评价，并从民国时代农村建设的构想中挖掘出新时代农村建设的借鉴所在。

(二) 文献分析法

文献分析法又称文献研究法，是一种传统的、普遍的研究方法。文献分析法的运用主要是针对一定的研究范围和研究课题，通过文献资料收集、鉴别、调查来获得相关资料信息，以此全面详细且准确地了解研究对象，完成研究目的。梁漱溟一生著作颇丰，对其各个阶段思想著作进行简要梳理，总结梁漱溟个人思想体系的主要思想论断及其核心价值；并主要对与梁漱溟有关的乡村建设理论与实践的论著进行细致阅读。同时，通过各种相关文献、报纸杂志、数据库等对梁漱溟乡村建设运动进行深入解析，以确定本书的基本观点、分析框架。本书秉承实事求是的学术精神，尊重史料价值，力求更深入地解读梁漱溟乡村建设理论和实践活动。借鉴国内外研究的基本成果，以期达成研究的基本目的。

（三）历史分析法

历史分析法又称历史研究法，即运用历史资料，按照历史发展的顺序对过去事件进行研究的方法。试图从中考察历史的发展演变规律，从而预测事物的未来走向。承认历史的态度和方法是历史研究的一个不可缺少的基础。本书在写作时通过对彼时社会环境、梁漱溟乡村建设理论形成过程，以及乡村建设实践的发展进行考察。本书将梁漱溟乡村建设理论与实践置于20世纪30年代前后的历史阶段，分析其形成的背景、原因、内容及其结果，力求详细并系统地描绘梁漱溟乡村建设理论和实践的发展演变趋向；同时以发展的眼光，把他们的乡村建设思想与中国现代化进程联系起来，回溯和评析对中国早期乡村现代化的探索经验。通过分析梁漱溟乡村建设思想和实践及其评价对当时中国社会带来的影响，冀望从中得到对现时乡村振兴和现代化进程有益的成分。

（四）系统分析方法

系统分析法，是指把研究的对象作为一个整体系统把握，对整体系统内各要素进行研究，既注重研究对象内部各要素之间的相互联系，还注重解决问题同它所赖以存在、发展的外部环境空间的密切关系。从梁漱溟乡村建设理论与实践形成的历史基础、历史变迁、历史地位、时代特征、时代价值以及时代局限等方面，系统构建一个有机联系的整体系统。在对梁漱溟乡村建设理论与实践微观分析的同时，也把其作为一个系统进行宏观研究，做到整体与局部相结合，才能尽可能地反映研究事物的全貌。

二、创新之处

前人关于梁漱溟的研究成果很多，也从不同的角度对其乡村建设理论与实践问题进行了探讨。本书在原有学术成果基础上，把梁漱溟的乡村建设理论与实践问题作为一个有机整体，较为全面和系统地去考察。同时，进一步加大研究的深入与广度，不断充实与发展现有研究成果，并丰富与深化原有理论基础，尝试形成宏观视域下探究梁漱溟乡村建设理论与实践问题的研究体系。

在新时代的社会形势下，结合当前农村发展实际，重新强调某些已经被淡漠了的乡村建设理论与实践的观点，以引起人们对其现象和规律的重视，能够调整认识、纠正偏颇，为新时代乡村振兴事业提供些许参照。同时赋予已有理论以新的社会意义，因而也具有重要的现实价值。通过对梁漱溟乡村建设理论和实践的系统诠释，探讨乡村建设运动，对当前新农村建设有着参考的价值。寄望通过对梁漱溟乡村建设思想的深层次挖掘，可以对我国农村建设提供一些历史借鉴。由此也可领悟到，加强农村建设对我国全面实现社会主义现代化具有的重要意义。

第三节　研究现状的探讨

一、国内研究现状

随着改革开放政策的全面实施，一个农业大国乡村振兴过程中的农村、农民和农业问题如何解决，成为学界关心的重大议题之一。诸多学者对梁漱溟文化哲学、伦理和乡村建设理论等进行了大量探索。鉴于本书的需要，在此主要对有关梁漱溟乡村建设之理论与实践的研究进行总结。相关学术研究可以大致分为以下几类：

（1）强调梁漱溟以道德伦理和文化改良来推行乡村建设运动，实现中国社会的发展和民族复兴，但却缺乏实现的可能性，研究既肯定其价值也带着批判视角。韦政通在其著作《儒家与现代中国》中分析了梁漱溟乡村建设理论，他认为梁漱溟乡村建设实验的失败，是因为过分估计了人性之善，忽略了外在制度性措施对人性的硬约束。熊吕茂在其著作《梁漱溟的文化思想与中国现代化》中指出，梁漱溟试图从文化思想中探寻民族文化的根本精神，并吸收和改造西方的近代思想，谋求乡土中国的政治、社会以及文化诸方面的现实出路，其对西方现代模式的理性批判及对民族文化的维护是值得肯定的。但熊吕茂也辩证地指出："梁漱溟等在山东展开的诸如兴办学校教育、改良农业等活动，是解决不了帝国主义和军阀问题，也改变不了中国农村贫穷落后的面貌……他所向往的社会主义，带有很大空想性，在现实社会中，中国的伦理社会和儒家的人生态度，与西方的科学技术，根本无法共存于中体西用的框架之中。"夏利在其著作《梁漱溟政治研究》中深入阐述了梁漱溟政治思想的阶级实质，政治思想演变的根本原因及其影响，指出改良主义在中国行不通。周祥林在其博士学位论文《乡村建设伦理思想与实践研究》中认为，梁漱溟的乡村建设实验在一定程度上是一场道德实践运动，体现了其伦理道德思想，在道德结构序列上，政治伦理具有首要性，经济伦理具有主体性，文化伦理具有根本性，教育伦理是现实道德理想的动力与根本途径。这些研究总体上认为，梁漱溟的乡村建设实验是置于传统道德伦理之下，通过道德手段解决所有问题，使得他的乡村建设理论也成为一个道德的乌托邦。

经观荣在其著作《梁漱溟的认识思想与乡村建设运动》中，对梁漱溟思想转变、乡村建设理论及其乡建实验进行了详细的论述，认为梁漱溟思想与社会实践工作是其人生态度的结果，更多肯定了梁漱溟积极投身实践的探索精神。朱汉国在其著作《梁漱溟乡村建设研究》中认为，梁漱溟一生都致力于中国传统文化调适于现代化问题，面对传统与现代化二者的关系，"既不人为地割裂传统与现代之间的联系，又不能过分地依赖传统，这也是乡村建设在文化思想上对我们今天的启示之一"。作为较早研究梁漱溟乡村建设的著作，朱汉国论著资料很翔实，对梁漱溟文化理论和乡村建设实践都进行了深入考察，肯定了梁漱溟乡村建设的一些主张和建议，把梁漱溟的乡村建设理论归结为改良主义。

（2）从史料解读层面来探讨梁漱溟乡村建设理论和实践。主要有潘培志的《梁漱溟乡村建设模式透视》、黄群的《梁漱溟乡村建设理论及其现代意义》等，这些学术文章都是对梁漱溟乡村建设理论、模式的分析探讨，总结其经验和价值意义。崔慧姝的博士学位论文《梁漱溟乡村建设运动及其争议研究》，关注的是梁漱溟乡村建设理论及实践的争议，将20世纪30年代和50年代对他的批评和批判进行了详细分析，从梁漱溟乡村建设运动和围绕其生产的争议中发掘出适合于现时发展的积极因素，为当代农村现代化提供参考和借鉴方法。还有21世纪以来涌现的大量以梁漱溟乡村建设运动为研究主题的硕士学位论文，如刘爱景的《梁漱溟乡村建设思想及其现代价值》、李黎明的《梁漱溟乡村建设研究》、肖洲的《梁漱溟与山东乡村建设运动》、许爱青的《梁漱溟乡村建设理论和实践研究》，等等。这些研究大都宽泛地对梁漱溟乡村建设理论的产生背景、乡村改造内容、性质做出论述和分析，间或探讨梁漱溟乡村建设理论对当代乡村发展的借鉴意义，研究总体上视角比较相近，史料解读多，新意略显不足。

近些年来，一些学者也从社会建设的视角探讨了梁漱溟乡村建设理论的意义和价值，研究成果具有重要的参考价值。例如，著名学者钱理群的《梁漱溟乡村建设思想及其当代价值》，基于梁漱溟的社会建设和人生探索两大目标与理想，详细分析了他对中国问题的思考，乡村建设的理论设计与乡村建设实验实践层面的主张，"人"（农民）精神的培育等内容进行了翔实的论述，对于思考当代中国现实问题依然具有重要的启示性价值。杨守森在《梁漱溟的乡村之思》一文中认为，梁漱溟乡村建设理论、主张及实践探索中"包含着人类社会建设应有原则的思考"，梁漱溟并不是狭隘的民族主义与文化保守主义者，而是一位胸怀宇宙的人类思想家。魏文一在其论文《从乡治到乡村建设——梁漱溟学术理路的演进及其对基层社会治理的启示》中，探讨了梁漱溟从乡治到乡村建设的思想演进经历，从社会动员、市场动员以及民众参与三个方面，论证了梁漱溟的社会组织构造学说对当下基层社会治理的意义。

此外，还有一些学者对梁漱溟乡村建设理论中的教育思想和工业化思想进行了专门系统的研究。如李劼的《梁漱溟乡村教育理论与实践探析》、汪海霞的《梁漱溟乡村教育研究》等研究，认为梁漱溟把教育置于中国现代化的主导地位，探讨了教育体系设置、课程方案、知识分子与农民相结合等思想，对于当前农村教育发展依然有着重要意义。也有对梁漱溟乡村建设中的工农业思想进行具体探讨的，如童星和崔效辉的《梁漱溟工业化思想研究——从〈乡村建设理论〉看中国现代化的道路选择》、刘庭甫的《论梁漱溟乡村建设实践中的工业化思想》、何建华的《梁漱溟的农业合作化思想与实践》，这些学术成果从乡村建设的不同内容层面入手，进一步深化了梁漱溟乡村建设思想与实践的研究范畴。

（3）将梁漱溟乡村建设思想放置于现代化和全球化的背景下考察。陈宪光的《梁漱溟的乡村建设运动与中国现代化之路的探索》、袁洪亮的《现代化视野中的梁漱溟乡村建设思想》、马瑞的《梁漱溟儒家政治人格及其乡村建设实践》等著述都从现代化角度论述了梁漱溟乡村建设的内容、性质，并对邹平乡村建设实验作出了各自的评价，对其重视教育、改良农业、传统文化和现代关系的阐述等方面给予积极肯定，进一步拓展了梁漱溟的乡村建设研究。善峰的学术著作《梁漱溟社会改造构想研究》，在详细阐述了梁漱溟社会改造方案的同时，认为梁漱溟最大的贡献是凸显了知识分子在考虑"现代化"问题时，力求克服西方社会业已出现的弊病和重视中国固有文化这一不可摆脱的背景因素。

崔效辉在其著作《现代化视野中的梁漱溟乡村建设理论》中认为，梁漱溟的乡村建设理论是在中国社会转型的背景之下产生的非常具有时代特征和个人特色的理论，必须要把梁漱溟的思想放置于中国现代化甚至全球化大背景之下进行分析，他的乡建理论"是中国现代化建设中的一份重要的精神遗产，如果我们能够放宽历史的视野，……将会有一个较为准确的定位"。崔效辉结合现代化及参与式发展等理论，对梁漱溟乡村建设理论与实践进行了系统分析，在现代化实践部分，考察了梁漱溟和毛泽东对建设新中国问题的分歧，以批判视角对中国农业集体化实践、日韩和中国台湾地区农村的现代化情况进行了比较分析，结合邹平当前发展，探讨了农村现代化发展的走向，还从中国现代化发展历程上对梁漱溟乡村建设理论做出了客观中肯的定位。

二、国外研究情况

国外最早关于梁漱溟的研究可以追溯到 20 世纪 20 年代。起初更多是推介性的研究，在研究梁漱溟文化哲学思想的基础上，逐渐转向对其乡村建设理论与实践的研究。

20 世纪 40 年代，日本学者木村英一的文章《梁漱溟的思想——关于〈东西文化及其哲学〉》和小野川秀美的文章《梁漱溟的乡村建设论的形成》，勾勒出了梁漱溟思想的基本面貌，为其后日本的梁漱溟研究奠定了较好的基础。

20 世纪 80 年代以来，日本学界关于梁漱溟研究的论著有 20 多篇，涉及梁漱溟的哲学思想、宗教观、伦理文化以及乡村建设理论等诸多方面。主要文章有：新保敦子的《梁漱溟与乡村建设运动——以基于山东省邹平县之实践为中心》，菊池贵晴的《有关梁漱溟与乡村建设的诸问题》，家近亮子的《梁漱溟乡村建设运动论的成立过程》，小林善文的《梁漱溟于乡村建设运动之道》，木村博于的《家稷农乘学与农村建设理论——江渡狄岭与梁漱溟》，驹井正一的《关于梁漱溟的"乡村建设"思想》。这些文章从不同的视角对梁漱溟的乡村建设理论和实践进行了深入考察。这些学术成果虽然不是很多，但从总体趋势来看，说明了梁漱溟及其乡村建设理论和实践方面的研究在日本学界逐步深入。

20世纪90年代以后，西方学界加强了对中国农村问题的关注。美国学者叶红玉从历史视角对比分析了"五四"时期激进主义者与儒家文化守成者梁漱溟的思想差异。在叶红玉看来，梁漱溟促进了中西文化的交融，致力于中西文化的兼容性。叶红玉看到了梁漱溟与同时代人的区别，指出梁漱溟实质上对西方文化的探讨远远超越了国家的考察范畴。

通过以上文献回顾和综述，我们可以得知学界关于梁漱溟乡村建设理论和实践的研究，大都集中于其文化哲学思想等问题的探讨上。现在随着人们对乡村的关注，开始逐渐重视对梁漱溟乡村建设理论和实践的研究，但对其理论和实践进行全面细致研究的力度还是不够，已有的文章研究还不深入，有些文章观点没有全面地展开，特别是系统论述梁漱溟乡村建设理论和实践对新时代乡村振兴启示的文章不是很多。本书试图从梁漱溟所处时代背景和他自身的理论和实践活动的脉络出发，将其作为一个整体来进行考察，从而深化研究，充分挖掘其理论和实践的时代价值。

第二章 乡村建设理论与实践的基础

　　梁漱溟乡村建设理论的形成与实践的力行，绝非偶然，有着特殊的时代背景和深刻的理论渊源；是中国社会客观环境和自身主观条件共同交集的产物；同时是一个复杂的历史演进过程。通过考察其形成的条件及早期个人经历，能够使我们更好地把握梁漱溟乡村建设理论和实践形成的客观可能性与历史必然性，而且还能够使我们深刻地理解梁漱溟乡村建设理论和实践的内涵和价值。

第一节　民国初期乡村改造的现状与诉求

一、帝国主义列强的侵略导致乡村贫困加剧

　　鸦片战争以前，中国一直是一个典型的农业经济大国，农民占人口的90%以上，农村几千年来变化不大。虽然在东南沿海经济比较发达的地区已经有了资本主义的萌芽，但自给自足的小农经济仍占绝对的统治地位。鸦片战争以来，帝国主义列强用坚船利炮打开了中国的大门，中国逐渐沦为半殖民地半封建社会。辛亥革命虽然结束了封建专制制度，但却没有改变中国半殖民地半

封建社会的性质，没有完成反帝反封建的时代任务。辛亥革命以后，帝国主义国家为了争夺在华利益，纷纷抢占势力范围，直接造成军阀割据的混乱局势。

20世纪20年代，帝国主义列强加紧了经济侵略中国的步伐。帝国主义国家大都采取农场经营的方式，生产力比较发达，其生产成本远远低于中国，价格也比较便宜。因此，随着外国大量农产品的输入，中国的农产品市场受到了严重的冲击。在外国同类产品的冲击下，米、小麦、棉花等农产品的价格一落千丈，农民收入减少，生活日益贫困。

帝国主义国家在向中国大量倾销农产品的同时，还在国际市场上排挤和打击中国农产品。一方面，他们提高中国农产品进口关税，以保护本国农产品市场；另一方面，又采取降低币值、政府补贴乃至政治贷款等各种手段，支持本国农产品与中国农产品争夺国际市场。中国农产品在国际市场上的竞争能力本来就十分脆弱，此时在帝国主义的排挤和打击下，很快便败下阵来。出口的急剧下降，使国内市场已经日益缩小的农产品销售更为困难，结果是农产品积压卖不出去，形成所谓"产销危机"，如著名的米市湖南湘潭，粮食"堆积如山"，无人问津。

帝国主义不仅向中国倾销农产品，而且也倾销工业品。工业品的大量倾销，一方面，沉重打击了中国的民族工业，导致不少工厂破产倒闭，减少了民族工业对农产品原料和劳动力的要求，从而影响到农村经济；另一方面，使中国的进口货值剧增。据中国社会科学院郑大华教授在《民国乡村建设运动》中统计：中国进口货值1928年为18.63亿元，1929年为19.72亿元，1930年为20.04亿元，1931年为22.33亿元；与此同时，中国出口货值则因农产品出口的缩减等原因而明显地减少了，1929年为15.82亿元，1930年为13.94亿元，1931年为14.16亿元。这一增一减，扩大了中国对外贸易的入超额。入超额的猛增，意味着白银大量外流，由于当时中国在国际贸易中以白银为支付手段，白银的大量外流直接造成中国通货紧缩。当时不论城市或农村都感觉到通货紧缩的极度威胁。加上农村现金收入因农产品价格跌落和输出减少，以及不少官僚地主携带大量财富离开农村迁移到城市居住等原因，致使农村出现了前所未有的金融枯竭。

同时，20 年代末 30 年代初的世界经济危机，也波及到中国。各帝国主义为转嫁危机，一方面全面排斥中国货物，另一方面却又利用与中国的不平等条约向中国倾销商品。一时间，洋货充斥中国市场，而中国传统的丝、茶、花生等土货却无法出口。在 30 年代的农村市场，到处可见的是洋米洋面。农民为换取必需的生活资料，不得不廉价出卖自己的农产品。因而在当时的农村，出现了"丰收成灾"和"谷贱伤农"的怪象。这一现象，无疑又进一步加重了农民的灾难。

二、统治者的剥削和压迫使得乡村日益破败

20 世纪初，资本主义因素虽在中国有了一些发展，但在广大农村，封建的土地所有制仍占有绝对的优势。特别是 20 世纪二三十年代，由于北洋军阀的割据和国民党政府的腐败，各类军阀、官吏及世袭地主依仗军事的、政治的、经济的特权，开始大肆地侵占公地或霸占民田。一时间，在广大农村，土地兼并成风。土地兼并的直接后果，是土地所有权越来越集中到少数地主手中。著名经济学家薛暮桥在 30 年代也对当时中国的土地占有状况作过统计。他认为，在中国占农村总户数 3.5% 的地主，约占有全部耕地的 45.8%。中共中央党史研究室郭德宏在其著作《中国近现代农民土地问题研究》中曾综合分析过 20 世纪二三十年代的土地问题。他的研究结果表明：1924～1937 年，地主占总农户的比例约为 3.11%、富农为 6.38%、中农为 24.02%、贫雇农为 61.4%。而这四个阶级的土地占有量却依次为 41.47%、19.09%、25.87%、20.77%。这种现象说明，20 世纪二三十年代的土地占有两极化现象已很严重。

当时，全国大部分土地掌握在封建地主手中，他们把大量土地出租给无地或少地的农民耕种，进行地租剥削。20 世纪 20 年代末 30 年代初，实物地租

仍然是地租的主要形态，但在部分地区，存在着实物地租向货币地租转变的明显趋势；一些商品经济较发达的地区，货币地租甚至已占据支配地位。但无论是实物地租，还是货币地租，其地租额都非常高。实物地租的租额一般是收获物的一半，甚或高达 70% ~ 80%。除地租剥削外，地主还把按亩征收的田赋税完全转嫁到农民身上，税率之高，到了惊人的地步。据朱汉国的《梁漱溟乡村建设研究》书中统计，四川丹棱的田赋占 46%，眉山占 66%，江安竟高达 99%。田赋除正税外，还附带征收其他费用（即田赋附加税）。石西民在《我国的田赋的积弊与整理》中统计，20 世纪 30 年代，江苏各县的田赋附加税有 105 种，浙江各县竟达 739 种。田赋是按亩征收，除田赋外，还有按人头征收的各种杂税。20 世纪 30 年代的中国，农民所负担的杂税名目之多、数额之高，也为古今中外所少见。

农民入不敷出，只得以借贷度日。面对众多的需借贷的农民，地主趁机抬高利率。苛捐杂税、高额地租和高利贷等沉重的经济负担，使广大农民生活在水深火热之中，他们吃不饱、穿不暖，过着饥寒交迫的生活。饥饿、疾病，加上频繁的自然灾害，迫使大量农民背井离乡。

另外，军阀连年混战，也给农民的生命财产造成了巨大的损失和破坏。1927 年国民党推翻北洋军阀统治，建立南京国民政府后，军阀混战并未因北洋军阀的覆灭而消亡。相反，国民党新军阀之间的战争连年不断，并且规模越来越大，时间也越来越长。使战区人民饱受战火蹂躏之苦。中国台湾学者马乘风在《最近中国农村经济诸实相之暴露》中描述：1930 年的中原大战，使河南山东战区"遍地烽火，满目疮痍"。豫东一带"战沟纵横，尸骨遍野，秋禾未收，房屋倒塌，十室九空，秋疫流行，满目凄凉"。1932 年，山东军阀韩复榘与刘珍年大战，"民间一切金钱、粮食、牲畜、农具……凡民众所有，尽数被搜去，虽一草一木，亦无存留……沿城五里内豆禾均收获；赤地数百里，除残瓦破垣外无别物。其他人口，牲畜，死伤狼藉，大车牛马，征集一空，所有一切，损失净尽"。

由此可见，在 20 世纪 30 年代的中国农村，封建主义仍是农民受压迫和剥削的主要根源。封建主义的代表主要是地主阶级和封建军阀。地主阶级为了对农民进行经济剥削，利用高额地租和高利贷，把农民推向死亡的境地。不仅如此，地主阶级还利用经济优势，控制了广大农村的行政、司法等权力，对农民进行超经济的政治压迫。军阀作为封建势力的特殊阶层，在帝国主义的扶植下，利用军事的、政治的、经济的特权，对农村的破坏更为显著。他们倚仗军事权势，对土地巧取豪夺，成为势镇一方的大地主。如北洋军阀的头目几乎都是大地主。而且，军阀的连年混战，不仅直接危害了人民的生计，而且随着混战而来的那些不计其数的横征暴敛和苛捐杂税全部落到农民身上，加剧了农民的贫困化。

三、民族危亡的不断加剧促使有识之士努力探索救国之路

在中国广大农村地区经济遭受重创的社会背景下，以知识分子为主体的一大批有识之士，都在探求救国之路。当时声势比较大的有实业救国论、教育救国论、文化救国论、军事救国论等，都在探索解决中国问题尤其是农村问题的出路。他们从各个不同的角度入手挖掘其衰败的根源，在此基础上提出了解决中国问题的思路。

平民教育会的领袖晏阳初认为，中国问题千头万绪，但基本问题只有四个。这四大基本问题用四个字来概括，就是所谓"愚、穷、弱、私"。所谓"愚"，就是中国最大多数人目不识丁；所谓"穷"，就是中国大多数人在生与死的夹缝里挣扎着，温饱无定，更不用提什么"生活程度""生活水平"；所谓"弱"，就是中国最大多数人几乎为东亚病夫，根本谈不上公共卫生和科学治疗；所谓"私"，就是中国最大多数人不能团结不能合作，而以内讧为能事。晏阳初的这些主张，与胡适的所谓"五鬼闹中华"基本相似，都是把现象作为本质，以具体事例作为中国问题的根本症结。在这种思想指导下，晏阳初把解决这四大基本问题作为平教会的奋斗目标，尤以除文盲做新民、提高中

国人的文明程度为平民教育会的工作核心。

对晏阳初的这些主张，梁漱溟不以为然。他指出，当时的中国，不是贫、愚、弱、私等表面问题，而是贫而益贫、愚而益愚、弱而益弱、私而益私的深层问题。"换句话说，今日正是日趋崩溃，向下沉沦。"他认为，解决中国问题，必须抓住带有根本性的环节，眼光放远些，着眼于整个中国问题的解决。从理论上说，梁漱溟撇开具体问题，试图抓住根本环节的努力，在一定意义上较晏阳初与胡适等的主张要稍高一筹。他把中国问题的根本解决，视作一个系统工程，这点显然也是可取的。梁漱溟指出，国内连年的水旱灾以及兵祸、匪患、苛捐杂税等是中国农村破产的内部原因。他进一步认为，中国的问题在国内，而国内的根本因素却是各种问题得以产生的社会基础。只是在解决方式上，梁漱溟试图寻找事物何以然的内在原因，即从中国社会本身去寻找中国问题的解决方案。简言之，也就是用乡村建设改变中国社会结构，建立繁荣富强的新国家。

在当时众多的救国方案中，除晏阳初、梁漱溟等人的主张之外，最引人注目和最激动人心的莫过于认定帝国主义和军阀是中国问题的根本所在。持这种观点的人，不仅数量多，而且囊括了左、中、右各路人等。他们认为中国社会的衰落，特别是中国农村经济的破产，其原因不尽在农村本身，而最主要在于国际资本主义的侵略。外国资本主义凭借优越的政治、经济势力在不平等条约的掩护下，以商品为武器侵入中国农村，使中国农村经济基础开始动摇，数千年来自给自足的自然经济便逐渐粉碎。因此之故，这一派人认为从事乡村建设运动者，若不从反对帝国主义入手，而仅从农村问题本身着想，绝不可能得到真正完善的解决方案。

作为无产阶级政党的中国共产党，对农村社会崩溃的根源也做过分析。《毛泽东选集》阐述："由于帝国主义和封建主义的双重压迫，……中国广大人民，尤其是农民，日益贫困化以至大批地破产，他们过着饥寒交迫的和毫无政治权利的生活。"这段话，不仅概括了旧中国农民的生活，而且道出了迫使农民破产的根源是"由于帝国主义和封建主义的双重压迫"。

正是国际和国内这两个方面因素的共同破坏，中国农村经济几近崩溃。而且梁漱溟认为中国乡村的破坏由来已久，"所谓中国近百年史即一部乡村破坏史，可以分成两个时期来看：一、前半期自清朝同光年间起，至欧洲大战；二、后半期自欧洲大战，直到现在"。乡村破坏的现实，引起了以梁漱溟为代表的有识之士的注意。对其原因的认识又使他采取了乡村建设这个改良主义的方法。梁漱溟总结说，他就是在目睹了农村的破败之后，认为救济中国必须从救济乡村开始。

第二节　早期的文化熏陶与学术追求

一、儒学家庭的背景

梁漱溟，出生在一个笃信儒学的仕宦家庭。其父梁济所撰《年谱》中记载，梁漱溟祖先为元朝皇室。曾祖梁宝书，道光朝进士，历任直隶省、州、县等官。祖父梁承光，出身举人，曾任山西省永宁州知州。父亲梁济，1859年生于北京。8岁时其父病故。从此，家道中落。

梁济自幼受过儒家经书的熏陶。27岁考中举人，后来两次参加会试皆未及第。做了十几年的塾馆先生，直至40岁才入仕，做了个品位极低的内阁中书和并无俸禄的候补员外郎。梁家世代笃信儒家学问，历代皆是儒家信徒。这个家族对梁漱溟的影响是良好的，而对他影响最大、最为直接的则是他的父亲梁济。父亲梁济继承了父辈良好的儒家学识，自幼养成了传统儒家的品格和心性。

梁济在内阁行事，为当时清朝官场的腐败而痛心疾首。他是一个关心社会、"通经致用"的儒学学派人物，深切关心中国命运的改革主义者。例如，早在甲午战争前，他就表示出自己要求改革变法的态度和立场。对于西学，他认为对中国有用的要竭尽全力去学习。他十分赞赏康有为等要求改革政治、废除科举、设立新学等主张，对光绪下发的有关改革教育的法令，他自觉地在自己的子女中践行。

梁漱溟开蒙读书时，梁济没有让儿子去读四书五经，而是去念了新学校，这件事在当时的读书人中是"一破例的事"。梁济的安排，使后来成为著名儒学家的梁漱溟一直不能熟诵经书的章句，这也被人们看作是一件"十分有趣的事"。

梁济对戊戌变法曾有过奏述，认为变法活动操之过急，应谨慎进行。这篇奏稿还强调端正思想道德来解决国家的政治问题。梁济的设计，强调"心的理智与道德功能"，正是传统儒学者所采取的思维模式。梁济这样的儒者已不再有传统儒家宣扬的那种绝对服从君王的愚忠，他高度的责任感是以国家和民族为对象的。例如，当他的儿子参加了以推翻清政府为目的的同盟会时，他曾劝过儿子不要参加颠覆清廷的活动，但他的态度超然，并且是以家庭道德的观念加以劝阻的。很明显，他对国家和民族的考虑要重于对清政府的忠贞。

1900年，梁济与彭治孙创办了第一份中文报纸《京话日报》，倡导民族主义和改良。他们还创办了中国第一份儿童杂志《启蒙画报》，力图向中国大众传播科学知识、世界时事和外国文化。梁济还亲自动手创作上演了第一部京剧新戏"女子爱国"，把新思想传播给人们。1906年，梁济供职于巡警部时，仍然坚持他的改良主义主张，他还在监狱中创办职业学校实行教育儿童计划。可以说，梁济的一生始终站在革新的前沿，接受、追求和宣传西方先进技术和文化知识，以图实现中华民族的复兴与富强。

但是，他却在1918年初冬于北京的积水潭投湖自尽。在遗书中表明自杀是为了垂死的中国传统文化而殉难。梁济自杀的背后，体现的正是儒学道德理想主义与实用性的二重性。辛亥革命后的无情现实将他一生的民族复兴梦击得粉碎。绝望中他只能寻求用自己生命的代价来唤醒社会的觉醒。因此，梁济的自杀不是为大清朝，而是希冀在一个混乱时世，为了维护一种人类追求的道德价值与信念，为人们树立一个道义的榜样。应当看到，在梁济身上体现着的这种道德理想主义和对社会务实的现实主义态度，对梁漱溟思想的形成产生了不可否认的深刻影响。

作为梁济的儿子，梁漱溟深受父亲的影响和教育，因此继承了父亲的思想和品格，担负起父亲的遗愿，成为当代新儒学的开门先驱。

二、新式启蒙教育

梁漱溟，生于1893年10月18日，即中国的重阳节。他是梁济的第二个儿子。起名梁焕鼎，字寿铭。

梁漱溟5周岁开始启蒙读书，接受家庭教育。这一年正是维新运动的高潮，梁济是运动的积极支持者，他尤其主张改革政治必先从"教化百姓入手"，提高国民的文化和意识修养，才能真正培养出较高"国性"。既然如此，梁济积极响应维新派改革教育的号召，他就舍弃了传统的八股旧途，而让梁漱溟去念新学。梁济还请了一位姓孟的先生，教儿子读《三字经》《百家姓》之类的识字课本，接着便让梁漱溟读ABCD，读传播近代新知识的基础课本。当时，使梁漱溟记忆最深刻的是本《地球韵言》。这本书是中国最早的一本介绍世界地理和各国概况的启蒙读物，内容通俗易懂，是以流畅整齐的语句和朗朗上口的韵脚，向儿童介绍、宣传全球知识的好教材。但在当时新旧转换的时代里，像梁济这样的世代官宦的书香门第，让孩子读这类书是很难得的。

梁漱溟6岁时，北京出现了第一所真正意义的新式学校，是福建的新派人物创办的，称作中西小学堂。梁济得知后，便把梁漱溟送进这所小学就读。中西小学堂既教中文，又教英文，在当时很引人注目。在校就读的生活给梁漱溟留下很深的印象，但是他只在该校读了一年多。

1900年，八国联军入侵北京，学校关门。1901年，梁漱溟进入北京南横街公立小学堂读书，1902年，又转入启蒙学堂读了两年。在启蒙学堂读书的两年以及随之发生的事情，对梁漱溟后来的发展起到了很大的作用。启蒙学堂也是一所中西兼容的学校，而且是少有的男女同窗的新式学校。该校的创办人是梁济大儿子的岳父彭翼仲。梁漱溟在启蒙学堂里不仅能继续学到 ABCD，而且读到了《启蒙画报》。《启蒙画报》引起了梁漱溟的极大兴趣，使他一生自学成名的道路从这里发端。梁漱溟是靠自学成为世界著名文化人物的。自学使他学到了各门精深的知识，自学更培养了他独立思考的性格。

他曾在《我的努力与反省》回忆说："我的自学，最得力于杂志报纸。许多专门书或重要典籍之阅读，常是从杂志报纸先引起兴趣和注意，然后方觅它来读的。"梁漱溟的读书时代仅到中学为止，而且所读的学校全是新式学堂。中国传统的儒家经典、诸子百家都是这些学校不曾讲过的。而梁漱溟又正好是"不勉强自己去求学问，做学问家"的人。他的读书，非要感到有兴趣才去读。他的兴趣培养就是从启蒙学堂读书时读到的《启蒙画报》开始的。

《启蒙画报》的读者对象是儿童。主要登载科普知识如天文、地理博物、理化等新鲜有趣的科学故事，其次是历史故事、名人逸事，再如国内外的民间故事、寓言童话，无所不有。报纸全部用白话文，配有图画，是少年儿童喜爱的读物。由于创办人是启蒙学堂的彭翼仲，所以启蒙学堂的学生便成了该报的第一批读者，梁漱溟又是最积极的读者之一，他每天都读。该报于1902年创办，后来为适应成人又增出四版的《京话日报》。该报内容主要登新闻评论杂谈等。《启蒙画报》还不像报纸，而《京话日报》便是真正的日报了。《京话日报》多登北京的新闻，也登国际国内大事。评论部分多为揭露社会黑面，指责时病、鼓吹社会新型运动。报纸通俗易懂，也是梁漱溟所爱读的。他在这里得到了国内外大量社会知识，懂得了许多道理，启发了智慧，培养了自学习惯，对他的意向发展影响很大。尤其与启蒙学堂和《京话日报》相关而发生的事情，又直接影响了梁漱溟的思想和人格。

三、人生和社会的初步思索

1906 年，梁漱溟 13 岁，考入北京顺天中学堂，在这所学校里读了五年半。中学时代的梁漱溟萌发了对社会、民族发展的责任意识，这是梁漱溟思想形成的第一个时期，当然更多是受父亲的实用主义思想影响。激流奔涌的时代、亲朋师友的交流，使梁漱溟的思想过早地思索他终生要解决的两大问题，即人生问题和中国社会问题；过早地为各种主义所濡染；较早地投身到社会政治运动之中。

顺天中学由顺天府尹、福建人陈璧创办，是一所很有影响力的新式学校。进中学不久，梁漱溟便结交了同班的廖福申、王毓芬、姚万里等几位同学。他们是影响梁漱溟性格和学业的好友。一次酒楼相聚，廖福申提议，以各自的短处标出一字相互称呼，借资儆勉。经过讨论，王毓芬取"懦"字，姚万里取"暴"字，廖福申以"惰"字自儆，梁漱溟为"傲"字。大家鼓掌叫绝，以为四字皆一针见血。据梁漱溟回忆，四友中廖为最勤者。

四人互勉互诫，学习很是长进，尤以廖福申长进最快。学期一半时，廖已全部自修结束。他的国文功夫下得也大，已圈点完了《御批通鉴辑览》。梁漱溟对他极为佩服。在他的带动下，自己也加强了自学。而且，从廖福申身上梁漱溟确信世界上没有不能自学的功课和学问。他体验出，所谓自学，并非单指自学某种知识。

梁漱溟在中学时，比如他作文总不肯入一般的套路，而且总喜欢作翻案文章，有时也能出奇制胜，做出好文章来，在班级名列榜首。有的老师喜欢这种文风，以为能独立思考，常为之勉励。

中学时代，梁漱溟对各科功课的学习并不重视，好在自学能力强，成绩也都很好，而他真正的精力是用在思考人生问题和中国的社会问题，用功自学这些问题的有关资料。他这时参阅的资料，有梁启超主编的《新民从报》《新小说》月刊、立宪派编的《国风报》和革命派的《民立报》等为当时的中学生难以具备的资料。

《新民从报》上梁启超撰写的《新民说》，论述了人生问题和中国社会问题，正是梁漱溟当时开始认真思考的问题，对他启发很大。同时，中国历代儒学和西方诸思想家以及思想流派都是梁漱溟思想形成前必要之铺垫。《德育鉴》一书，辑录先儒格言，以立志、省察、克己、涵养分门别类，梁启超为之分加按语，也是梁漱溟接触中国儒家传统典籍的开始。《国风报》介绍的世界各类型的政治制度，如国会、议院、内阁、选举等，使梁漱溟对各种制度有所了解，并产生了浓厚兴趣。革命派的刊物对中学生来说不易得到，而梁漱溟却获得了《立宪派与革命派之论战》大本，他反复阅读，对革命派的思想也有一定的了解。

梁漱溟自己说，大约 14 岁以后，他即形成了自己的人生理想，心里有了一个价值标准，并用这个标准去评判一切人和一切事：这就是凡事看他于人于社会有没有好处及好处之大小。假若于群于己都没有好处，就是一件要不得的事了。反之，若于群于己都有顶大的好处，便是天下第一等之事。以此衡量一切并解释一切，似乎无往而不通。

梁漱溟解释，他的这种思想同西方的"实用主义""工具主义""功利主义"不期而遇，因为他还未曾知道西方的这些哲学流派和哲学思想，所以只能说是"不期而遇"推根求源。梁漱溟认为他的思想"显然是受我父亲的启发"，而又说他父亲的想法和处事"流归到墨家思想"。在父亲力求务实、讲求实际效果的影响下，梁漱溟专注于在政治上寻找具体的救国之道。

四、初涉社会走向革命

1911 年冬，梁漱溟由顺天中学堂毕业。此时的他在思想经历上已发生了两个重大的转变：一是抛弃了功利主义的见解，重新思考人生问题，彷徨中不知不觉地向印度的出世思想靠拢。二是由立宪派转为革命派，并将对社会现实的关注与思虑付诸实际的行动。

梁漱溟树立"救国救世，建功立业"的志愿，日思夜想救国救世的途径。开始时，他深受康梁思想影响，支持君主立宪派。但当发现清王朝腐朽无能时，他转而同情革命。当时革命的潮流迅猛异常，清政府的倒行逆施教育了梁漱溟，使他很快放弃了君主立宪的改良观点，走上了革命道路。

　　这时，京津地区革命派成立同盟会京津支部，梁漱溟毅然要求加入。梁漱溟也常到联络点开会，传送信件、刊物，为革命党购买器物等。南北议和后，梁漱溟进入《民国报》工作。《民国报》宣传同盟会的政治主张，创办者和大多数人员均是同盟会的会员。社长甄元熙，总编辑孙炳文，都是革命党人，亦是梁漱溟当时最为亲近的朋友。梁漱溟写稿时常用寿民或瘦民作笔名，有一次孙总编为他写了一把扇面，上题"漱溟"二字，正合他意。从此以"漱溟"为名，本名反而鲜为人知。

五、对社会主义的朦胧思考

　　民国初年，关于空想社会主义的书刊，关于马克思主义、社会主义的有关作品开始在中国传播。梁漱溟便是在各种社会主义思潮在中国传播的背景下，开始思考社会主义，并且有了自己的作品。大约是在 1913 年看了日本幸得秋水的《社会主义神髓》的中译本，于是便撰成《社会主义粹言》。

　　《社会主义粹言》认为，财产私有是社会不安和种种罪恶之源，是一切社会压迫和罪恶的根源。虽然国家用军队、法律维持社会秩序，避免社会丑恶现象出现，但是由于财物多的可以享受，没有财物的就要挨饿受冻，这种悬殊的社会现象促使人们使用暴力、诈骗等罪恶手段去夺取财物，从而造成了社会的混乱不安。他认为只有废除财产私有制度，生产手段归公，生产问题由社会共同解决，才能彻底解决社会问题，这也就达到社会主义社会。

　　显而易见，他抓住了社会主义的一个本质问题。但是，究竟如何消灭私有制度？梁漱溟却没有回答。实际上他阅读的《社会主义神髓》一书已经分析了无产阶级遭受资产阶级压迫形成贫富分化、阶级对立的理论和利用阶级斗争的手段推翻剥削阶级才可以消灭私有制度的途径，然而，梁漱溟对这一重要理论并没有接受，他也承认《社会主义神髓》中讲到资本家、劳动者的许多话，没引起他的兴味，就说明了他没能理解问题的实质，从而对社会主义的本质问题没有深刻认识。梁漱溟在以后的相当长的时间里，不理解和不承认马克思主义阶级斗争学说的普遍性，不承认中国有阶级和阶级斗争，因此走了许多弯路，从民国初年的论述中已可见其发端。用历史唯物主义分析，在当时历史条件下，梁漱溟还不具备理解和接受阶级斗争学说的思想条件。马克思的科学社会主义学说在中国还没有得到完整的传播。就连伟大的革命先行者孙中山本人，由于阶级和历史条件的限制，也没能理解社会主义的真谛，把他从西方学来的资产阶级学说以"民生主义"阐述，从而也呼之曰社会主义。他也同样不接受马克思主义的阶级斗争学说，公开宣传以和平手段防止贫富加剧。

六、冀救众生、潜心佛学

梁漱溟对人生的看法与他对中国社会问题的态度紧密相连。强烈的道德理想主义使梁漱溟由对革命的困惑和无奈转为对人生的厌恶和憎恨。梁漱溟对社会政治感到了厌倦、对人生感到了失望、憎恶。1912年曾两次企图自杀。

1913年春，梁漱溟对社会主义苦思冥想而没想通后，最终从"入世"转为"出世"，并希望通过潜心佛法求得精神痛苦的解脱。他专心佛典几年，倾心佛法，静思自修。他这阶段的作为和思想应该说是复杂的，但是其动机和总的出发点却仍旧出于他"救国救世"的总目的。求佛出世，也是梁漱溟上下求索的路数之一，虽然这是一条走不通的路。

政治的理想与现实总是存在巨大的鸿沟，1913年春，梁漱溟退出同盟会和国民党，离开了《民国报》。此后他便又开始了佛学的苦读苦研，静心自修了好几年。他读的佛书是从当时琉璃厂文明、有正两书局买来的金陵刻经处出版的木刻佛经和上海狄保贤主编的《佛学丛报》。唯识、因明、大乘、小乘、密宗、禅宗等都十分难读，但是，梁漱溟为探求人生苦乐的根源，寻觅超脱苦海的途径，苦钻苦研，渐渐入门。后来开始吃素、拒绝父母为他成婚，曾一度要出家为僧，通过几年刻苦的潜心钻研，梁漱溟对极为晦涩抽象难懂的佛教典籍研究通透，并著《究元决疑论》。这篇万余字的佛学论文于1916年在《东方杂志》5～7期上连载。这是当时学术界极少见的论文，被学术界推为印度学的代表之作，影响很大，是后来他以中学学历能进北大任教的主要学术依据。

梁漱溟的《究元决疑论》一文，是他钻研佛学几年的结晶。其中心内容是批评古今中外的各门各家学说，唯独推崇佛家和佛学，文中尤对佛家的苦乐观进行了充分论述。他不仅论证了社会上每个独立的人欲念无已，因而其苦也无穷。而且，认为思想家们设想的文明世界，如大同世界、社会主义民主国家，即使能够实现，但这种设想同是一种"欲"望。况且社会越进步，人的欲望越多，而苦处也就越多。因而，真要让人们脱离欲望、脱离苦海，只能走出世一条路。

梁漱溟不久也从佛教的误区解脱出来，明白了当年的错谬，并于1923年5月把悔悟之言写出，附于《究元决疑论》文后。他自己批判说，照当年的说法，人类皆为"苦"所困困，人类进步都是日进于苦；要没有苦就得没有感觉和欲念，就得归心于佛，走大解脱的出世道路，这是一种"无生主义"虚无主义，于人类、社会皆无益处可言。后来他又在多处作了反思和检查，才从消极的境界中解脱出来。虽然梁漱溟走了好长一段出世的道路，但他也是从"救世救国"的大前提开始，因见当时社会黑暗，大众疾苦，认为改造社会绝望，才误入佛途，希冀找一条彻底的"光明"道路，达到普度众生之目的。

尽管他误入歧径几年，但在学术界却创出了研究印度文化的道路，为他以后研究中西印文化打下了深厚的基础。同时，由于他潜心佛学研究，笃诚佛经佛教，使他以后的行事打上了深刻的宗教情怀，对"救世救国"有了宗教色彩的自觉的使命感，这也是新儒家的一大特色。

七、回归经世的儒家

1916 年，梁漱溟结束居家生活，就职内阁司法总长秘书。1917 年 10 月，时任北京大学（简称北大）校长的蔡元培，力邀梁漱溟来北大教学。这样，梁漱溟以一无学历、二无资历的青年身份进入北大学术殿堂。刚到北大时，梁漱溟主讲印度哲学，潜心研究佛学，但同时关注孔子学说。

梁漱溟进入北大任教的时期，正是中国的思想潮流激荡、政治运动激化的时期。梁漱溟逐渐醒悟。最终是思想潮流的热浪把他从佛学的虚无中拖到了现实的旋涡中，让他重返儒家的立场。

当他看到当时影响最大的《新青年》杂志连番发表激烈抨击中国传统文化的文章时，他在《我的努力与反省》著作中回忆说："仿佛中国的传统文化被彻底否定了，而否定了自己的文化的那些人不感觉到痛苦；仿佛认为各人讲各人的话，彼此实不相干；仿佛自己被敌人打伤一枪，犹视若无事也。而我则十二分地感觉到压迫之严重。"

当时"全盘西化"的形势下，梁漱溟抱着拯救中国传统文化之目的，开始潜心研究儒家思想。梁漱溟思想转变的一个原因是儒家哲学，尤其是孔子的生命智慧、乐观主义感染了他，点燃了他的生命之火，使他从佛家的虚幻中走到新的光明之中来。梁漱溟到了北大就决心"替释迦、孔子发挥"，于是便开始研读儒家经典。但当他掀开《论语》时，开头第一句话赫然出现的"乐"字使他为之震动。那时他心中都是佛家的"苦"字，而《论语》第一篇《学而》整篇却充满"悦""乐""不愠"。佛学只言苦，而儒学大讲乐，这针锋相对的反差给梁漱溟的印象太鲜明了！于是，开篇即引起他极大的兴趣。随之便兴致勃勃地向下读。他还发现，《论语》中与"乐"字相对的只是一个"忧"字；然而孔子进一步阐发"仁者不忧""乐以忘忧"。为什么佛家和儒家的人生观这么相反，儒家的真谛是什么，这些问号使他如饥似渴地寻找答案。

梁漱溟父亲梁济的自杀，对他由佛转儒也有直接影响。他对父亲的自杀始终感到莫大的罪咎感，从他的著作、回忆录、讲演稿中可以清楚地看到，他一生在不休止地怀念着父亲对他的亲情，追念父亲对他的教育，认为父亲是他少年时代最好的老师。他无尽无休地回忆父亲的人格，真挚地赞扬父亲的高尚道德，尤其对国家对社会的一种高度责任感、一种诚挚的使命感，他悲痛哀伤的回忆，的确是感人至深的。

他对父亲的追忆，总是一半是崇敬，一半是愧疚。而愧疚最多之处便是自己违逆父意，崇尚佛学，迷恋佛典，甚至打算出家为僧。尤其令他痛心的是，父亲生时虽事事放任他，而心中实望他走民族文化之路，终有一天能自觉自悟，从佛学虚无的迷途中清醒过来。但是，自己在父亲生时却终究没能自觉自悟。父亲投水自尽之举极大地震动了梁漱溟，他痛苦地追忆父亲的为人和父亲一生的志向，检讨自己违逆父亲的思想和举动，于是决心顺从父亲生前的志愿，放弃佛学，关心社会，为"救世救国"的大目标奋斗。所以，梁济之死，对梁漱溟由佛转儒起到了直接作用。

梁漱溟讲印度哲学时，开始时暂用许季上先生的讲义（许亦为北大哲学教员，此时因病离校，由梁漱溟取代），第二年他将许先生的讲稿改写一半印行；第三年即1919年，改写全书完毕，名为《印度哲学概论》，由商务印书馆印行。此书系统记述了印度各宗各派的源流、各宗各派的不同观点及于本体论、认识论上的差异等，是当时论述印度文化、宗教和哲学方面的不多见的作品，在北大和学术界有很大的影响。但是，写此书稿时正是梁漱溟由佛转儒的过渡时期，其思想大部虽然尚倾于佛学，而由于上述种种原因，他已对佛学出世表示了怀疑，向儒学过渡而去。所以刚刚脱稿或刚刚印出稿子，他就表示了"有悔"；书成之日就是他宣布"归宗儒家"之时。归根结底，他是新儒家的先驱。因此，《印度哲学概论》并不是他的代表之作。换句话说，梁漱溟归宗儒家之后，他研究儒学是接续了孔子为代表的儒家门宗，为人类追求生的道路，他认为他就是儒家的直接继承人。因此，他研究儒学不再是研究学术，也不是要树立一种思想，而是马上要走的和将来要走的一条生活道路。而自他发现走印度佛家的道路是颠倒了，或者超前了，他写的《印度哲学概论》便仅仅是他的学术著作了。

应该说，上述种种原因，仅仅是梁漱溟由佛转儒的重要外部原因，而最根本的内部原因，还是他通过研究儒学，对比西方文化和印度文化，发现了人类文化的三大路向之后，明白了自己所走的佛家道路是误走到了"超前"的路数了。所以才猛然回头，归到中国的文化路向上来。

1921年暑假，梁漱溟开始构思和写作《东西文化及其哲学》，他应山东省教育厅的邀请在济南讲授东西文化及其哲学，一连讲了40天。最后由陈政、常培将记录整理成文，于1922年1月在商务印书馆正式出版。被誉为新儒家人类生活方案的《东西文化及其哲学》一出，即因其全新的理论视角和独到的见解，在社会上引起巨大反响。他把这本书看作是自己现实关怀情感的复苏，是一种直抒胸臆的畅发。他的构想是把这本书作为一个引子，总论东西文化；然后再写《孔家哲学》和《唯识述义》两书，阐发东方古学。到1929年，此书被翻译成12国文字。此书的出版成为他由佛转儒的标志，也标志着一种新的治学方向即现代新儒家哲学的产生，把近代以来的中西文化之争推向了一个新的高潮。

他在这本书里明言放弃佛学、归宗儒家，系统地阐明了儒家的，也是他自己的人生哲学、文化哲学，提出了解决中国文化危机和整个人类的生活方案。这本书的出版在当时就使他成为举国知名的人物。以后他成为世界级的名儒和学者，也主要是因为他的这本书造成的声誉和影响。梁漱溟的《东西文化及其哲学》不仅仅是他个人的理论著作，而应该是新儒家们的最中心的理论著作；甚至可以说是他的这本书缔造了新儒家的一个新时代。

此书大体上分三个部分：一是何为东方化，何为西方化；二是西洋、中国、印度三方哲学之比较；三是世界未来之文化与我们今日应持之态度。环环相扣，援引历史发展趋势，世界潮流，具体分析，整体综合，多方对比，揭示异同，指出优劣及其深刻缘由，然后放眼未来，为中国寻出路。

在《东西文化及其哲学》中，梁漱溟首先批评了有碍此项研究的三个说法。一是俟诸将来说，指出解决这一根本问题已到了刻不容缓的地步。二是东西调和论，针对章行严的《新时代之青年》、陈嘉异的《我之新旧思想调和观》等文，梁漱溟明确提出"如果要开辟新局面必须翻转才行"；而东西优劣互补、各打五十大板的调和之说，"完全是糊涂的、不通的！"三是范围太大、无从入手说，认为这是学术界的"疲缓、劣钝"所致；只要认真对待，研究的路总是有的。

在《东西文化及其哲学》中，梁漱溟认为文化就是人类生活之样法。三种人生态度面对相同的生活内容而采取的"不同生活样法"：一个是向前的，一个是调和持中的，一个是向后的。因为人生态度的不同就决定了不同的生活样法，从而形成了不同的生活路向，"所有我们观察文化的说法都以此为根据"。由三种人生态度，梁漱溟进而演绎出东西文化的"三路向"，确定了中西印三种不同的文化模式。

他认为世界文化可分为三类：一是遇到问题，向前下手，改造局面，也即奋斗的态度。此即是西方文化之特征，以意欲向前为根本精神，此为人类第一路向。二是遇到问题，随遇而安，不求奋斗，而是求自我的满足。此即是中国文化之特征，以意欲调和持中为根本精神，此为人类第二路向。三是遇到问题，只想取消问题和要求。此即是印度文化之特征，以意欲反身向后为根本精神，此为人类第三路向。

而人类发展路线，必由第一路向到第二路向，再到第三路向。而今世界正当走第一路向，即所谓现代化，未来走第二、第三路向。现在是西方文化主导的时代，未来是东方文化主导的时代。西方文化两大特征：一是科学伦理精神；二是个性伸展而社会性发达。此为西方之所以产生逻辑科学与民主的根本原因。而中国文化非伦理精神极发达，从不重视对静物知识之研究，伦理社会中缺乏也不需要个性伸展与社会性发达，故产生直觉玄学与独裁。所以西方物质生活方面的征服自然，中国远不及。西方学术思想方面的科学精神，中国几乎没有。西方社会生活方面的民主，中国几乎没有。如此说来，中国岂不处处落后于西方？其实不然，因为中国文化一开始就走第二路向。此为路向不同，并非文化优劣。不过这也正是近代落后挨打的原因，因为物质方面实在不足。也正因如此，中国文化是早熟文化。

梁漱溟的三大文化路向说否定了文化进化论的一元演进观，在当时可以说是颇为新奇的说法。梁漱溟的文化观首先打破了这一种思维定式，他强调文化的多元性，否定有一个全世界全人类共有的单向直线演进的文化形式。为了严格区别三大文化路向，突出它们的特殊性、民族性，在梁漱溟看来，中西印三种文化可以并存，因为它们各自走的是不同的路向，表现出不同的形态；如果没有文化传播和外来影响的话，它们会各自独立地延续下去。这样，肯定西方文化，就不排斥中国文化和印度文化，它们自有自己存在的根据，有其价值和意义。

梁漱溟的《东西文化及其哲学》问世后，在学术界和社会上都引起了强烈的反响，犹如在已经沸沸扬扬的水面上又投下巨石，立即掀起了轩然大波。《东西文化及其哲学》出版的当年就印刷了5次，大批的读者成群结队地追逐着他，许多文化单位、地方政府邀请他讲学。一时争相传阅，洛阳纸贵。中国公学等学校还组织了演讲讨论会，请学术界的名流到场讲评。可见其造成的影响之大。

《东西文化及其哲学》强调东西两种文化要调和起来，实现中国文化复兴才是古老民族的向上之路。作为梁漱溟最重要的学术著作，他从哲学的高度对东西文化进行比较研究，强调中国文化的特殊性和民族性。为中国文化思想开辟了新的领域，他一生的思想体系都浓缩于此书中，可视为他丰富一生的精神纲要，也是指导实践的指南。《东西文化及其哲学》在梁漱溟一生思想中占有十分重要的地位，是关于东西文化比较的开山之作。伴随这一思路，我们隐然可以想见知行一致的他，于20世纪20年代末和30年代初将视线转向中国传统文化、转向农村，积极进行乡村建设理论与实践研究的思想必然。

第三节 文化哲学基础

一、中国文化优位和特殊性的提出

梁漱溟在从事乡建运动和构建其乡建理论时，着眼点是放在当时中国问题的症结所在的。他认为，只有找到了中国问题的症结才能对症下药。梁漱溟认为，中国问题的症结主要是出在中国社会的内部，是深层次的文化问题，其表现就是"文化失调——极严重的文化失调"。因此，要真正解决中国的问题，必须从文化入手。"中国政治上出路，经济上出路，不得离开他那固有文化的出路，亦是自明之理。因为问题之演成，原以固有文化为背景；问题的解决，天然亦就不能外于他而得解决。"

在梁漱溟看来，所谓中国文化应该是那些比较遥远的古老传统，亦即周孔所开辟的儒家文化。然而，这种文化的真精神湮没已久，尤其是到近代以来，更出现了旧辙已破、新轨未立的混乱现象，文化失调已达到无以复加的地步。

梁漱溟指出，自1840年西方文化凭借其坚船利炮侵入中国以来，"所有我们近八十多年间的事，就是为这种强力（西方文化）强人（西方人）所欺凌、侵略、迷扰的痛苦史"，历史上形成的中国人在文化上的优越意识，"也很快为西方之实际的优胜打击无存，顿尔变为虚怯之极"。在中国遭受外国资本主义侵略，民族危机日趋严重的关头，"我民族志士仁人，先知先觉，未有不急起以图自救者，而由审外观事事见细，不能不震惊歆羡于他；所以自救之道自无外学他。……抛开自家根本固有精神，向外以遂求自家前途，则实为一向的大错误"。其结果是"屡试无效，愈弄愈糟"。几十年的自救运动成了"维新革命，先进后进，自己捣乱，自己否认之一部滑稽史"。

在这里，梁漱溟认为近代中国文化失调的主要原因就是由于向西方文化的学习。而在他看来，中国文化的道德理想或价值信念是完美无缺的，远远高于西方文化，只是在器物和制度方面有些不足，需要向西方文化学习，但这种学习必须以中国文化为基础，为本位，在学习的过程中去儒化，华化西方文化，而不能让西方文化侵蚀中国文化的价值体系。据此，梁漱溟认为"欧化不必良，欧人不足法"，中国文化的根本出路不在向西方学习，而在"认取自家精神，寻取自家的路走"。这自家的精神就是儒家传统的道德智慧或"内圣心性之学"，这自家的路就是乡村建设运动。通过乡村建设运动之途术而实现返本开新，或从"老根上发出新芽"来。这就是梁漱溟从事乡村建设运动的目的所在，也是作为新儒家的梁漱溟在复兴农村、救济农村这一方面与众不同的特色所在。

二、中国文化优位论

梁漱溟指出："一个民族的复兴，都要从老根上发新芽，所谓老根即指老的文化，老的社会而言。"根据梁漱溟本人的解释，"从老根上发新芽"包含两个方面的含义：一方面，"中国民族复兴，一定得创造新文化，那一套旧家伙已经不可用，非换不可"；另一方面，"其所换过的生命里头，尚复有不是新的地方在，这个不是新的地方，是从老根复活的东西"。换言之"老的中国文化，中国社会已不能要了，一定要有'新芽'才能活"；但是"新芽之发还要从老根上发，否则无从发起"。

一般而论，梁漱溟的"从老根上发新芽"的主张是有道理的。中国新文化的确只能从中国文化的"老根"上发出来，它是中国固有文化的革新而非外来新文化的简单移植。任何脱离民族文化自身发展的连续性和继承性，不顾中国具体国情而照抄照搬西方文化的做法，不仅不能实现民族复兴，反而还会使中华民族失去存在与发展的基础。这反映了梁漱溟对文化发展过程中的变革与继承、间断性与连续性的关系有一个正确的把握。但是，这只是问题的一个方面。更重要的则是要看梁漱溟的"老根"和"新芽"究竟指的是什么？梁漱溟认为，中国文化的老根分为有形和无形两部分，"有形的根"是"乡村"，"无形的根"是"中国人讲的老道理"，亦即"理性"或曰"民族精神"。所谓"老道理""理性""民族精神"实质就是儒家传统的道德智慧或"'内圣'心性之学"。"新芽"则是指西方的团体组织和科学技术，亦即具有现代意义的科学与民主。

在梁漱溟看来，过去历史上的动乱，只影响到中国文化有形的根，即乡村。无形的根，即中国人讲的老道理是不受影响的。但近几十年来，由于西方文化的入侵，更由于中国人向西方学习的不伦不类，不仅使有形的根遭到严重破坏，而且无形的根也发生了根本动摇。但这并不意味着中国人讲的老道理就不行了，要彻底抛弃。实际上，中国人讲的老道理从粗处看、从浅处看确实有许多需要改变的地方，但从根本处看、从深处看，它是站得住脚的，不用变，也不能变。从这里不仅完全可以发育出中国文化的新芽来，而且它所开出的新局面，还可"为世界人类所依归"。正是从这种中国文化优位意识出发，梁漱溟选择了中国文化的有形的根——乡村作为解决中国问题的基地。因为中国是一个农业国，其文化是以乡村为本的文化，其社会是以乡村为本的社会，人口的80%多住在乡村，过着乡村生活，中国人讲的老道理深深植根于乡村中，"新芽"必将从这"老根"上发出。

在谈到"新芽"究竟怎样从"老根"上发出时，梁漱溟指出："我们现在就要发挥理性组织乡村；以组织的力量运用科学技术，来解决生活上之一切问题。那便是以团体组织、科学技术这两样新材料来培养来发展，那造端是已得其正而尚待引申发挥的端倪了。"一句话，就是要从儒家传统的道德智慧或"内圣"心性之学的本根上发展出西方的团体组织与科学技术。这实际上是现代新儒家之"返本开新"文化主张的最初表述。所谓"返本"，就是重新树立传统儒家的心性之学，使中国文化回到儒家精神的本根处；所谓"开新"，就是通过中国传统的精神理念开出民主与科学。"返本开新"也被称为"由内圣开出新外王"。

由上可见，梁漱溟对中国问题的思考并未脱离儒家传统的"内圣外王"的思想格局。他企图在不根本改变儒家传统价值体系的前提下，通过道德主体自身的转化，开出民主与科学，从而实现中国文化的复兴。然而，这只是"可欲"而不"可能的"。

因为由"内圣"心性之学为核心的正统儒学，其基本的价值观是贵义贱利、重道轻器，与之相关的还有存理去欲、好古贱今、重农抑商、重家国轻个人、重道德轻事功、"不患寡而患不均"等。这些显然与以科学、民主为核心的价值观念大相径庭，甚至可以说在根本上都是对立的。梁漱溟企图保持传统儒学的基本价值观念不变，并从其核心"内圣"心性之学的老根上发出具有现代意义的团体组织与科学技术的"新芽"来，这的确是行不通的。事实也正是如此。尽管梁漱溟将其一生中最好的年华用于从事乡村建设实验，试图将长期以来往西走的"中国民族自救运动"转变到一个"新方向"即往东走，从中国旧文化里转变出一个新文化来，从而实现民族的复兴。然而，理想终归是理想，梁漱溟积多年心血经营的"乡建运动"并没有成功。"从老根上发新芽"的乡村建设实验与19世纪中叶的洋务运动可谓殊途同归，均落入了"中体西用"的文化调和论的思想框架。

三、中国文化特殊论

梁漱溟不仅是一个中国文化优位论者，而且还是一个中国文化特殊论者。他通过中西文化的对比，梳理出中国文化的特点，对中国文化提出了自己的理解。他关于中国文化特殊论的一个重要观点，是认为和西方的社会组织构造"个人本位，阶级对立"不同，中国的社会组织构造是"伦理本位，职业分途"。

梁漱溟指出，中国的传统社会有着以家庭伦理关系为本位，以情义结合，通过情理与礼俗来维持社会秩序的社会构造；而西方国家具有的则是团体与个人对峙的社会生活，倚重法律维护社会秩序的社会构造。而另外，中国社会以职业分立、各求其前途为特色。西方则是以阶级分立为特征的社会。因此中国传统社会无阶级、无垄断、无贫富贵贱，无对立之势，只有"升沉不定，流转相通"。具体来说，它形成了自己较为独特的风格：

第一，因为缺乏团体生活，没有个人问题以及团体与个人间对立问题的突显，所以中国传统社会以家庭关系为核心。家庭关系在社会组织构造中起的作用非常重大，这和西方以宗教的神人关系为核心的社会构造很不一样。这种以伦理为本位的特点深入社会、经济和政治领域之中。从社会方面看，家是人生各种关系中天然基本的关系，也是根本。因此，社会秩序的维持不同于西方所重之法律，而是倚重礼俗。"举凡社会习俗、国家法律，持以与西方较，在我莫不寓有人与人相与之情者，在彼恒出以人与人相对之势。社会秩序所为维持，在彼殆必恃乎法律，在我则倚重于礼俗。近代法律之本在权利，中国礼俗之本则情与义也。"从经济方面来看，不同于西方的个人本位经济，中国是以伦理为本位的经济，特点是共财、分财和通财，其标准取决于情理。家庭关系内部有共财之义，"兄弟乃宗族间有分财之义；亲戚、朋友间有通财之义"。经济上彼此"顾恤"互相负责，不然会被斥为"不义"。在政治方面，君臣间、官民间相互的伦理义务，没有团体与个人的概念，政治目的是"维持伦理相安"，不同于西方的以法律保障个人利益。

第二，在职业分途方面，中国社会的特色是：土地自由买卖，人人得而有之；遗产均分，而非长子继承之制；蒸汽机、电机未发明，乃至较大机械亦无之。前两点使中国社会不会有土地垄断，遗产均分使土地分散而不集中；后一点使中国社会不得有资本垄断。因此，中国没有土地和资本的集中垄断，而无垄断则必然无阶级，所以中国传统社会没有阶级分立。另外，中国很早就发明了文官制度，具有很强的职业性，上至卿相下至县令的各级官吏皆为那些通过考试录取的士人担任。这不仅在一定程度上遏制了贵族专权，使政权对所有人开放，所有人都有参与的机会，只要读书都能参加考试，都有做官的机会，而且使读书人，即士与农工商并列为四民。士不过是职业之一种，为构成此职业社会所不可缺少的成分而已。所以，社会不以阶级分层而是以士、农、工、商四个职业分立分途的，人人各自为其职业前途奔忙，并无阶级压迫之说。士人与农、工、商并列为四民"禄以代耕"，不过是一项职业，是构成职业社会之一种成分而已。从"朝为田舍郎，暮登天子堂"，"将相本无种，男儿当自强"等谚语中，可见社会没有严格的阶级分界，公职向众人开放，很显然是有职业性而无阶级性。又因无阶级，所以无团体生活，无政党的存在，也无政治和国家的概念。

第三，伦理本位和职业分立的两种社会构造之间是交相作用的关系。职业分立可以强化伦理本位：职业自营之前途需要家庭、家族的努力，贫富、贵贱、门第盛衰以家庭、家族为单位，这促进了伦理关系的发展。而伦理本位对职业分立也有影响：其一，以伦理本位的经济关系减少了经济上的垄断和集中；其二，经济上的垄断不成，政治权力上的垄断自然也不能成功，因为官吏制度采用的是考试制度，官吏和贵族是分开的，这样使政权相对分开，允许人人有机会参与政事，这更加减免了经济上的垄断趋势，而稳固了职业社会。梁漱溟正是这样写道："经济、政治二者交为影响，互相顺益，一归于无阶级。阶级统治之不成，而中国政治乃不得不伦理化；由政治之伦理化，乃更使社会职业化。职业又有助于伦理。伦理与职业辗转相成，彼此扣合，其理无穷。'伦理本位、职业分立'八个字，说尽了中国旧时的社会结构，——这是一很特殊的结构。"

第四，旧社会构造维持社会秩序的教化、礼俗、自力。中国传统社会秩序所赖以维持的就在于：教化、社会礼俗、自力，而从国君至庶民贯穿其中即是一种自反精神或叫向里用力的人生，也就是自省和修身精神。伦理本位和职业分立的社会构造本身使人人向里用力。一方面，伦理本位社会的教训是反省、自责、克己、让人、学吃亏等；另一方面，职业分立社会的教训是勤奋、刻苦、自励和要强等，而贯穿其中两者的就是一种所谓修身精神。"自天下以至于庶人，一是皆以修身为本……此其社会秩序，殆由社会自尔维持；无暇于外力，而寄予各方面或各人之自力；是礼俗之求，而非法律之效；彰彰甚明。教化之为用，盖在培植礼俗，引生自力；于此正不可或少。"

平心而论，梁漱溟关于中国社会结构的分析，确实在一定程度上揭示了中国社会结构不同于欧洲社会结构的一些特征：如较多地保留了原始氏族社会的特征，血缘关系、宗族制度不仅是人们交往的基本准则，而且成了维系社会制度的重要纽带；文官制度比较完善，读书人通过科举考试可以成为各级官吏；土地可以自由买卖，遗产诸子均分等。但就此认定中国社会结构为"伦理本位，职业分途"显然是不符合实际的。就"伦理本位"而言，梁漱溟认为无论在社会，还是在经济或政治方面，人与人之间的关系都是一种伦理关系，"其情益亲，其义益重"。

梁漱溟将中国传统社会定位于"伦理本位，职业分立"的社会，是为其解决中国问题的方案寻求社会历史的支撑点。梁漱溟认为，当时中国的社会问题就其实质而言是极严重的文化失调，就其现象而言则是伦理本位、职业分立的社会结构在欧风俄雨的冲击下而日趋败坏，呈现出旧辙已破而新轨未立的混乱现象。解救之道是如何在中国重建一新的社会结构的问题，而不是要对谁革命、要推翻谁的问题。更何况生活于传统社会的中国人在历史上为世界上最尚理性的国民，甘于服善而耻于用暴；故中国问题的解决，绝不能用斗争的方式，只能从理性之途。鉴于此，他倾向于儒家式的和谐。

在论及如何重建一新的社会结构时，梁漱溟坦言，就是将西方人的这些长处融入中国固有精神之中。坚持两个原则，"一是从理性求组织，一是从乡村入手"。关于"从理性求组织"，这一原则表现为既要"以伦理情谊为本原，以人心向上为目的"，充分发挥"中国人讲的老道理"，又要充分容纳"西方人的长处"，使二者实现具体事实的"沟通调和"。关于"从乡村入手"，这一原则表现为在以伦理本位的社会条件下，重整乡村组织。这一乡村组织实质上是将古代的"乡约"进行补充改造后而建立起来的。

经"补充改造"乡约而建立起来的社会组织构造的具体形式是乡学村学。从形式上看，乡学村学与其他乡村工作团体有相似之处，都是从教育农民、培养农民的智慧入手，以改造乡村，建设乡村。但就实质而言，乡学村学并不只是一个教育机关，而是农村基层政权组织，它是"完成中国社会改造，完成中国新文化建设的一个机关"，担负着乡村建设的具体任务。从理论上看，梁漱溟以乡学村学的形式重建中国新的社会组织的做法，似乎是无可指责的。因为旧的价值观念、伦理情谊、道德标准经过批判性的改造，并不是不能为现代社会服务的，至少这种启导性的批评与重建是有助于新的价值体系的确立的。但在实践中，梁漱溟重建新的社会组织的努力却收效甚微；究其原因，则在于他的这种努力是基于对所谓"伦理本位，职业分立"的社会结构的认识。

第三章　乡村建设理论与实践的历程

集"思想家"与"实践家"于一身的梁漱溟，曾于 20 世纪二三十年代与中国一部分立志从乡村着手解决问题的知识分子一样，积极投身于乡村建设运动。他们尝试以乡村建设为手段，达到改造中国社会的目的。从历史演进的角度考察，我们可以具体地探讨梁漱溟乡村建设理论和实践的历史轨迹。梁漱溟乡村建设理论的形成发展和实践经历，是一个复杂的历史过程，它经历了一个从萌芽、逐渐发展、成熟到实践的历史过程。梁漱溟在《回忆我从事的乡村建设运动》这篇文章中认为，自己的乡村建设理论的形成和实践过程大致可分为三个阶段。

第一节　萌芽阶段

梁漱溟在《回忆我从事的乡村建设运动》这篇文章中写道："我的家庭，从曾祖父、祖父到我，都是生活在城市中，没有在乡村生活过，我是怎样去搞乡村建设的呢？怎么起了这么个念头呢？这要从我的中学时代说起。"

前文已经提到，梁漱溟在中学时代已经认识到了改造乡村的必要性。梁漱溟经过两年多的记者生涯，在理想和现实无法统一的情况下，转变为虔诚的佛教信徒，一直持续到1916年上半年。他终于出佛入儒，选定儒学作为自己的哲学信仰。进入北大第二年，他开始了东西文化比较研究工作。到1920年秋，他在北大系统地讲授东西文化及其哲学。《东西文化及其哲学》的发表，标志着梁漱溟正式完成了由佛入儒的转变，开始了他以后的儒家生活。

梁漱溟一直以来的奋斗目标是要解决人生问题和社会问题。这两个问题就是他"救国救世"的宗旨。为了达到这个奋斗目标，他潜心研究中外文化，在《东西文化及其哲学》中描绘出了人类的生活方案和文化发展不同的路径。在这部著作中梁漱溟提出的人类三种文化路向、中国文化早熟说，成为梁漱溟乡村建设理论的核心理论，"文化复兴中国"也成为乡村建设实践的核心内容。因此可以说梁漱溟的文化理论就是其乡村建设理论的基础。梁漱溟著《东西文化及其哲学》一书时，已经想到了如何实践他设计的纸上方案了。他在该书的末尾写道："明白地说，照我意思是要如宋明人那样再创讲学之风，以孔颜的人生为现在青年解决他烦闷的人生问题，一个个替他开出一条路来去走……只有昭苏了中国人的人生态度，才能把生机剥尽，死气沉沉的中国人复活过来，从里面发出动作，才是真动。中国不复活则已，中国而复活，只能于此得之，这是唯一无二的路。"所谓宋明人的讲学之风，最终梁漱溟参照了北宋乡村社区组织乡约，建立有类于乡约的村学、乡学，从乡约的意思出发，开始了乡村建设的实践活动。当然，梁漱溟声明："今日世界不同于古，我们于师法古人相勉为善之外，还须注意求进步。"

梁漱溟还对杜威的教育理论的部分内容看得十分重要。杜威把教育看成是人生和社会的中心和枢纽。杜威说，宇宙是一个大生命，其核心是人，人的核心又是人心；要认识宇宙的生命，便要认识人心。如何看到人心，那便是教育。教育是看人心的重要路口，是人类个体生命和社会生命的贯串，教育把人引向了社会。因此，教育即生活，教育即社会。教育通人心、通生命、通社会，把握了教育便把握了人生和社会。梁漱溟对杜威教育思想这一部分很佩服。

联系中国的社会、人生，思考了儒家的传统教育和杜威的教育思想，梁漱溟感到了当时的教育问题的重要和教育问题的严重。因此，早在1922年初，他借年假之机赴山西讲演之约，在省垣阳曲小学给各小学教职员讲了《东西人的教育之不同》。认为中国的传统教育重"情意"，西方人的教育重知识；教知识是教给人生活的工具，教情意是教人生活的本身。但是，中国的教育却又往往把教知识的方法用来教情意，结果反而搅乱了情意，妨害了情意。因此，目前教育应发扬孔子"根本导人以一种生活，而借礼乐去调理情意"；根除借赏罚为手段的教育方法，赏罚与人生生活正相违反，搅乱人生生活顺序。从这篇讲稿可以看出他对中国当时的教育方法很不满，打算改革方法，从人生的根本道路入手进行教育。此后，他虽仍未离开北大，但尽量把自己的教育同社会、同教育对象的人生相结合。从1922年起，他的身边就围拢了许多朋友，过着一种团体生活，只是以人生向上来共相策励，大家一起读书，一起讲学问，一同生活，以后他的"朝会"便从这里萌生。这期间，他在北大校园和北京、山东等地多次发表演讲阐发改造中国、改革教育及"农村立国"等思想。

到1924年夏，梁漱溟为了实现自己的救国理想，毅然辞去北大教职，远赴山东曹州（今山东菏泽）中学办学，这也是他投身乡村建设运动，实践救国之道、人生追求的开端。后来他曾回忆说，当时离开北大的原因，是对教育问题有了新的认识，即办学应该是求友，结交大批同气类的青年朋友，帮着他们解决"整个的人生道路"，把学校办成一个新式的社会团体，而这种"新认识"在当时的北京大学或别的学校，仅止于讲授知识技能，没有顾及到学生的"全部人生道路"，所以他要离开北大，去创办改造社会、开创人生的新学校，唤回乡村的新生命，唤出一个新社会来。

第二节　初步发展阶段

一、曹州办学的尝试

1924 年暑期，应村治运动的倡导者王鸿一之邀，梁漱溟满怀着救国救世的理想，带着他的三个学生来到山东曹州。梁漱溟接任了曹州中学校长的职务，准备试办中学高中部。曹州办学是梁漱溟实施教育改革的初步尝试，其中体现出来的教育思想，如走中国文化之路，都是《东西文化及其哲学》思想的具体化和进一步展开。他试图通过教育途径改革社会的设想也初露端倪，因此后来梁漱溟虽然从事教育事业，其根本动机仍在解决人生问题及从人生问题连带而来的社会问题。另外，在这期间，他还受到王鸿一"以农立国"思想的影响，意识到复兴中国的关键在农村。但是当时他并没有完全接受这一思想，还处于将信将疑之中。

7 月 9 日，梁漱溟手拟《办学意见述略》，记述了办学思想、办学设想和大体情况，目的是"愿得社会上之了解与帮助"。述略追述早在 1921 年即有办曲阜大学之设想，其"旨趣"在"取东方的——尤其是中国的学术暨文化之各方面作一番研讨昭宣的工夫，使它与现代的学术思想能接头，发生一些应有的影响和关系。"以后的两年，陆续筹集了部分办学资金，购买了建校土地。因条件不足，先办曹州高中部。述略重申办学动机"是在自己求友，又与青年为友"，不仅教知识，尤重每个学生的"全生活"，带着他们走路，办成一个"彼此扶持走路的团体"。在"入学须知"里强调两点：一是学生要勤俭质朴，贫富子弟一律要求；二是重在人情培养，不注重法律。

从这个述略里，可以看出梁漱溟是阐发《东西文化及其哲学》里的基本思想：走中国文化之路；发扬孔子的生命哲学；教育与社会联系，解决中国的社会问题。

同时，梁漱溟还打算在曹州重建重华书院，曾写出《重华书院简章》，旨在"集合同志，各自认定较为专门之一项学问，或一现实问题，分途研究，冀于固有文化有所发挥，立国前途有所规划；同时并指导学生研究，期以造就专门人才"。但是，梁漱溟此次山东之行的办学计划没能得以实行，虽然他没有说明原因，而实际上要实行其计划的阻力很大，使他大失所望。

据梁漱溟回忆，这年村治运动的较早创始人王鸿一约他一起创办《中华报》亦为之拒绝。说到王氏，必说米氏。当时有米迪刚、米阶平者，其先人曾于光绪末年在河北定县翟城村开办自治事业，后为"平民教育促进会"选为试验区，翟村有"模范村"之称，后来王鸿一成为该派领袖。王鸿一于1921年同梁漱溟相识，对《东西文化及其哲学》一书十分欣赏，梁到山东讲演该书内容王鸿一每场必到，风雨无阻，异常欢欣。1929年以后，他同梁漱溟终有一段合作。

曹州办学的经历由于种种原因，只进行了不到半年就结束了。梁漱溟于第二年春天伊始，郁郁不乐地回到北京。对赴曹州办学之举"深有所悔，归来之后，乃为三年不出之计。于各方约聘，概辞不赴，不论什么事也不担任。原意是有点长进，再出来做事"。可以看出山东曹州办学的失败对他的打击之深。

在北京这段日子里，梁漱溟先客居清华园，编印其父遗稿；然后与追随到北京的曹州高中的十余名学生，在什刹海租了房子，共住共读，互相敬勉，形成了梁漱溟独特的教学方式——"朝会"活动。所谓朝会，正是梁漱溟意想中的共学、共勉、共同体会人生的活动。其形式是，早晨大家一同起床后在月台上团坐，由梁漱溟即兴讲授一些心得，一般内容很少，之后便静坐体会。在天近拂晓之际，大家团坐在月台之上。梁漱溟《朝话》中描述此景："疏星残月，悠悬空际，山河大地，皆在静默，唯间闻更鸡喔喔作啼。此情此景，最易令人兴起，特别感觉心地清明、兴奋、静寂，觉得世人都在睡梦中，我独清醒，若益感到自身责任之重大。在我们团坐时，皆静默着，一点声息皆无，静默真是如何有意思啊！这样静默有时很长，最后亦不一定要讲话，即讲话也讲得很少。无论说话与否，都觉得很有意义。我们就是在这时候反省自己，只要能兴奋、反省，就是我们生命中最可宝贵的一刹那。"朝会活动，一直坚持到他办学结束为止。在广东、河南、山东，他都带领学生去做，定为学校的制度。后来，他的学生把他每次在朝会上的讲话记录下来，整理出版了《朝话》一书。《朝话》共辑录五十余篇文章，内容涉及大到国家、社会、民族，小到人生志向、道德、习惯、交友、随想、求学等内容。文章言简意赅、趣味横生，充分体现了梁漱溟的人生态度，阐发了他渴望实践人生理想、改造社会的思想和志向。阐发了新儒家改造社会、改造人生的思想和志向。其实在北京这段日子，是梁漱溟一生中最苦闷的时期，因为他对中国社会的发展道路产生了困惑。他一方面觉得中国应该学习先进的西方文明，另一方面却又认为西方文明不适合中国国情。梁漱溟因为无法解决这个矛盾而苦恼。

是年，正值北伐前夕，南方革命空气高涨，李济深、陈铭枢、张难先等友人来信以革命大义责勉，促其南下。梁漱溟犹豫很久，终未前往，仅选派身边王平叔、黄艮庸、徐名鸿三人去了广东。1926 年，与友熊十力及十余名学生同德国学者卫西琴同住北京西郊大有庄（今位于中央党校）共同研究心理学和儒学，历时一年有余。卫西琴的心理学、教育学和对中西文化的研究为梁漱溟所称赞，因此趣味相投。梁曾写专文介绍卫西琴的学说，又曾与王鸿一讨论"农村立国制"问题。

北伐军进军达长江一线，全国震动。其友陈铭枢为北伐先锋队之一部，由梁漱溟派往广东的王平叔、黄艮庸、徐名鸿也随军北伐打到武汉。梁为之所动，乃南下武汉，抵上海而未进，在沪与国家主义派（青年党）领袖曾慕韩相见，所谈观点不合而终。遂返京，始动笔写《人心与人生》，稿未成而中辍。

二、广东乡治讲习所的开办

1927 年是中国历史上的一个特殊年代。蒋介石悍然发动"四一二"反革命政变，使轰轰烈烈的国民革命和北伐战争归于失败。旧军阀未铲除，新军阀又出现，中国劳苦大众仍陷于水深火热之中。这一时期梁漱溟的思想也发生了一些变化，北伐战争由发动到胜利，曾一度使他振奋不已，但终未投入。而北伐失败，中国问题没有得到解决，他反而坚定了自己的信念：走乡村建设的道路，是唯一救国之途，立国之道。

1927 年 5 月，梁漱溟带着王叔平、黄艮庸（徐名鸿已加入共产党同他分途了）去广东找李济深。途经上海时会合陈铭枢、熊十力、张难先、严立三一起去广州。梁漱溟与李济深是故交。在广东掌握政权的李济深邀请梁漱溟去搞乡村工作。1921 年时，梁漱溟由好友伍庸伯介绍，与伍之妻妹黄靖贤结婚。伍亦是儒学大师，常作《大学》演讲，梁漱溟则经常听其演讲。李济深于保定军校毕业后，此时在陆军部供职，亦常来听讲，由伍庸伯介绍与梁漱溟相识。北伐时，李济深以总参谋长之职代总司令留守广东。

不久，李济深电请南京国民党政府，申请了梁漱溟为广东省政府委员。梁未就职而去乡下与青年朋友共读。年底，李济深又请梁漱溟去广州谈话，梁为李济深分析形势，认为中国在不久的将来将出现分裂的局面，无论是"党"和"法"都改变不了这分裂的局面；所以，希望李济深"能替中国民族在政治上，在经济上，开出一条路来走，方为最上。如何来替民族开这条路出来？则所谓乡治是已"。李济深同意了他的意见，遂留广州办乡治。

1928 年春，李济深、陈铭枢因事去南京，梁漱溟同船去上海。三天海上旅程，梁漱溟将积年的想法向李济深等畅谈出来。这次去南京，一件最有意义的事是梁漱溟参观了陶行知创办的南京晓庄学校。这所学校在同乡村农民的联系方面对梁漱溟的启发很大。回广州后，梁漱溟便于这年夏天代李济深任广州政治分会建设委员会主席，兼任广东省立一中校长，遂于会中提出开办乡治讲习所方案。他在省立一中讲演，表达了创办乡治的目的等，题目是《抱歉——苦痛——一件有兴味的事》。

为什么要办乡治？他说，因为乡村是中国社会的主要构成部分，只有农村兴盛了国家才能兴盛，"农村没有新生命，中国也就不能有新生命"，"我们只能从农村的新生命里来求中国的新生命。所谓乡治，就是替农村求新生命的方法"。

然后，他向大家介绍了南京晓庄学校的情况，并谈了自己的观后设想。他认为晓庄学校有三点合他之意：一是合于教育的道理；二是合于人生的道理；三是合于建设乡村的道理。他说，晓庄学校办成了"改造乡村社会的中心"，把四件要紧的事作为育人之标准：一要养成农人的身手；二要养成科学家的头脑；三要养成艺术家的兴味；四要养成社会改革家的精神和热心。用这四项标准培养人，晓庄学校的师生，不仅要教好学好；还要自己做校务，自己管伙食，自己种田；还要直接同农村农民打成一片，做改造乡村、改革社会的事。

他在给省立一中作的另一次题为《今后一中改造之方向》的报告中，主要讲了仿照南京晓庄学校进行改造的计划。包括十个方面：废除学校杂役，老师和学生自己的事自己去做；教务方面的公事，也尽量让学生去做；厨房包到班级，吃喝自己做，过集体生活；成立消费协社，取消商店，让师生自己管理；师生自己订行动规则条文，自己遵守，尽量不用硬性的校规校法；改革教学方法，老师指导，学生自修；以班级为单位组织一个个相对独立生活的小集体，如同"政治上的联邦制"等。总的原则是"要学生拿出他们的心思、耳、目、手、足的力量，来实做他们自己的生活"，培养学生的生活情趣和公共道德，改造自己、改造社会。

这时他虽提出了《开办乡治讲习所建议书》，终未得到南京政府的批复，所以广东乡治讲习所也未办起来。梁漱溟在广东并没使用"乡村建设"，而是自称"乡治"。但梁漱溟以"乡治十讲"为题，在广东地方警卫队编练委员会开了几期讲座，讲了乡治的意义和办法，写出了"乡治十讲"笔记稿。在这里，他首次明确地提出并阐述了自己的乡治理论，主张从乡村自治入手，改造旧中国，建立一个新中国。简而言之，就是"以农立国"。

据他自己后来回忆，当时的乡治主张"尚不算是深刻"，认识到了中国无法照搬西方的宪政体系，中国必须从政治、经济、文化诸方面把地方社会搞成自治体，从乡村入手改造社会，改造中国。虽有此种认识，可究竟如何去实现还很茫然。由于山东曹州和广东地方的条件未成熟，对如何办乡治他自己的办法也未具体，所以曹州和广州的两次实践都未得成功。

三、国内乡村运动的考察

1929 年初，由于李济深的失势，广东的乡治走向没落。梁漱溟不久就离开了广东，到国内各处做乡村运动考察。2 月离粤北上，梁漱溟先经上海考察了江苏昆山安亭乡徐公桥的乡村改进实验基地，此地为中华职业教育社所办的乡村改进会。有黄炎培、江问渔陪同介绍。这个乡村改进会是由工农职业教育组织在昆山县的农村办起来的，在那里办有学校、农场、乡村组织等。《漱溟卅后文录》中提到：梁漱溟观后认为这些职业教育者能"回转眼光视线到农业上，到农村上，而一向的职业教育运动转变成功一种乡村改进运动，或农民运动，是令我非常愉快高兴的"。但梁漱溟批评黄炎培、江问渔等人的做法只是站在教育家的立场上把学校教育办到了农村，一切钱物全是从别处拿来的，没有从"中国"这个大问题上去考虑，没有从农村的贫、陋等普遍问题上去做真正的解决，并非他理想中的乡村建设。

梁漱溟来到北京，找到河北定县翟城村乡治事业创始人米迪刚、米阶平。由冯霞梯等带他参观了晏阳初主持的平民教育促进会的试验区，考察了学校、农场和自治组织。梁漱溟观后认为平民教育事业转向乡村，对着乡村办教育，这比办中学大学有意义得多。但翟城村平民教育事业的局限亦同江苏昆山徐公桥，难能真正解决中国的农村问题，"中国农业的改进不能成功于平民教育家之手"。

随后梁漱溟又继续前行，由石家庄转正太路，往山西考察山西的"村政"。先去五台河边村见了正在养病的阎锡山，而后去太原、汾阳、介休、赵城各县考察。考察感受是主办者或"望作到自治，然而自治大概是说不上的"，全看不出"人民自动的好办法"。

这次长时间的考察使梁漱溟对当时中国各地举办的乡村教育、平民教育、自治运动有了大概了解，发现当时的中国，很多知识分子已经开始重视农村工作并且开始致力于改造农村，他因此受到了极大鼓舞。此时的梁漱溟坚信自己走的道路是正确的，乡村改革是解决中国社会问题唯一可行的途径，他决定从乡村入手解决中国问题，替中国开出一条新路来。他肯定了各地工作的成就，分析和总结了各地工作的经验。他也非常重视各地工作中存在的问题和不足：这些乡村事业并未触及中国农民和农村的根本问题，而且连一些基本的问题如经费、制度等都还无人认真去解决，仅限于识字、种田技术改良等表层上。因此，他必须更加深入地思考乡村建设问题，以求"中国问题之真解决"。这个时候梁漱溟形成了一些零散的观点和思想。这次考察为对梁漱溟乡村建设理论的形成和他的实践具有重要指导意义。

四、河南村治学院的建立

自晋返京，因广东发生战争无法返粤。恰在此时，王鸿一等人推荐他去河南参与开办村治学院。遂与村治学院的举办者梁仲华、彭禹庭、王柄程等人合作筹办该项事业。这年秋天，梁漱溟到了河南辉县百泉村治学院的所在地，被聘为学院教务长。他动笔起草了《河南村治学院旨趣书》。书中强调中国与欧美之不同，以为中国社会乃"村落社会"，要解决中国问题，必向 30 万个村落寻求答案，故而办村治学院即求解决中国的根本问题。河南村治学院设农村组织训练部和农村师范部两部。组织训练部的任务是总理农村地方自治组织的研究、训练和教育等工作；师范部则总理乡村教育研究与培训。同时开展农业改良试验研究、农业技术培训等工作。为应付局面，还要开展乡村自卫问题研究和军事训练等。

经过筹备，河南村治学院于 1930 年 1 月开学。梁漱溟不仅总理全院教务工作，而且担任乡村自治组织等方面的课程。不久，梁漱溟又接办了北京《村治》月刊，于同年 6 月出版第 1 卷第 1 期，发表《主编本刊之自白》，较为深入地陈述了乡治运动的一系列主张。文章指出："我眼中的乡治，是看作中国民族自救运动最后的一新方向。""从我要做的社会运动看出，正是一种最实在的文化运动，我的乡治主张正是切就政治问题、经济问题，而为人生大道的指点。"文章批评民国以来中国社会改革运动的失误，批评各式各样的不适合中国社会实际的思潮，坚定地表示，只有自己主张实行的乡治运动才是解决中国社会问题的唯一出路。

五、乡村建设思想的雏形

与河南村治学院任教同时，应北京大学、燕京大学两校之邀前往演讲，他演讲了同一个题目：《中国问题之解决》。这个演讲稿连同其他关于村治问题的论文合编为《中国民族自救运动之最后觉悟》一书，于 1932 年 9 月由北京村治月刊社出版，是梁漱溟在乡村建设运动、社会改革方面的代表作。此书的发表说明了梁漱溟的乡村建设思想已经初步形成，其代表论文即是为北大、燕大所作的演讲《中国问题之解决》。

这篇演讲稿开篇就提出两个问题："一、中国问题之解决的主动力何在？换句话说，靠什么人来解决中国问题？二、中国问题之解决的方式如何？是改良，抑或革命？"问题提出后，他将当时中国各党各派的主张一一进行比较分析，他表示："有的不能令我们满意，有的我们认为错误。"而他则明确表示："中国问题之解决，其发动主动以至于完成，全在其社会中知识分子与乡村居民打并一起，所构成之一力量。"

他提出中国问题是改造文化、民族自救。他的引申分析所阐发的仍然是《东西文化及其哲学》中的文化路向问题，以为中国的根本，是文化上受西方文化（包括日本）严重压迫，必须自救的问题。既然是文化问题，有民族自觉之心的知识分子当然成了解决中国问题的领导力量。

然后，他分析了中国的知识分子和农民大众的各自状况和关系。他认为中国的村民（梁漱溟强调村民一词）受苦受难，人数众多，是"中国社会问题解决之最大力量"，但这大多数人绝不可能自己行动，必有知识分子做领导，因中国村民无文化、无知识和觉悟，他们的自发行动如过去的反洋教运动、义和拳运动、红枪会、大刀会等，是深受帝国主义和封建主义压迫至重至惨而激起的行动，这些行动"无眼光"、无志向，就像"一个病人为痛痒苦楚所激起的身体乱动"，希望这些运动成功则万不可能。

知识分子虽不能说都要革命，但"中国革命必出于知识分子"，他们有知识、有文化，如果他们再能热心中国问题，就可以走上革命道路，成为中国革命的"上层动力"。

中国的知识分子和乡村民众的关系，必然是二者的紧密结合。他说："我敢断言，如果这上层动力与下层动力（指农民）总不接气，则中国问题永不得解决；而上下果一接气，中国问题马上有解决之望。"二者的唯一关系是"知识分子如何将乡间人拖引上来"的关系，即为"上层动力"领导"下层动力"的关系。

那么知识分子如何同乡村民众结合，将乡村民众"拖引上来"呢？梁漱溟说，"当然是上层去接引下层，即革命的知识分子下到乡间去，与乡间人由接近而浑融"；"自始至终，不过是要乡间人磨砺变化革命知识分子，使革命知识分子转移变化乡间人；最后没有分别了，中国问题也就解决了"。

这中国知识分子到乡间去"转移变化乡间人"的过程，正好是梁漱溟乡村建设运动的过程。至此，梁漱溟的乡村建设理论要算想得通达了，趋向成熟了。

那么，这场运动算是改良还是革命呢？梁漱溟认为，"文化改造"表面上很像是改良，但到农村去变革秩序，变革社会秩序要克服种种旧秩序，涉及经济、政治诸多方面的革新。《中国民族自救运动之最后觉悟》中说：最终由"君主专制政治，个人本位的经济，根本改造成一全新秩序—民主政治，社会本位的经济，不说他是革命是什么"？

围绕乡村建设理论问题，梁漱溟在同一本书里论述了"中国理想社会"到来的条件和途径。他也认识到中国的理想社会必然是私产的完全废除和社会阶级的完全消灭。如何达到这样的社会呢？梁漱溟分析，中国的社会必先从农村社会做起，即知识分子到乡村去，转移变化乡村人，依靠乡村伦理情谊的基础建立乡村自治组织，进行政治、经济、文化的改革，一村一村地做，一步一步地前进，逐步扩大，最后达到全国全社会的理想化，而达到理想社会的唯一办法便是走乡村建设的道路。

1930年，蒋冯阎中原大战爆发，河南成为主战场，因此1930年10月，河南乡治学院仅仅开办一年就匆匆结束了。梁漱溟也回到了北京。这段时间，梁漱溟已经坚定了从乡村入手，文化复兴中国之路；虽然只是较为成熟的观点和看法，还没有形成完善的整套理论具体阐发，但是也有了相当多的经验，这为以后梁漱溟在山东从事乡村建设打下了坚实的基础。

第三节　走向成熟阶段

一、山东乡村建设的开展

河南村治学院停办后，梁漱溟、梁仲华等主持人率领村治学院的一批骨干开赴山东，在邹平办起了山东乡村建设研究院。起初梁漱溟任该院研究部主任，两年后改任研究院院长，直至1937年抗日战争全面爆发而止。梁漱溟在邹平的7年，是他实践乡村建设运动最主要的阶段。这一阶段他的乡村建设思想成熟、理论完备、目标清楚，乡村建设工作开展的时间较长，条件充实，因此实践活动的规模很大，成绩也很显著。邹平实践之后，使他成为"乡村建设派"的最主要代表人物。

1931 年 1 月，梁漱溟应韩复榘的邀请到山东从事乡村工作，这时才正式改称"乡村建设"。梁漱溟《乡村建设大意》中说："究竟由何而来？在以前几年为什么没有人谈乡村建设？现在大家又为何谈得这么起劲呢？……因为近几十年来的乡村破坏，中国文化不得不有一大转变，而有今日的乡村建设运动。"

梁漱溟与同人刚到济南时，受到山东省主席韩复榘的热情接待。梁漱溟等将他们的设想谈出后，韩复榘表示大力支持，并答应支付开办经费。说到梁漱溟与山东军阀韩复榘的关系，他们原来就有点渊源，后来梁漱溟曾有回忆记录。韩复榘是河北霸县人，幼时熟读"四书""五经"，练就一手好书法，后投入冯玉祥部当兵，曾任冯部"司书"，得冯器重。1922 年，梁漱溟在北大任教，冯玉祥驻兵北京南苑，邀他去讲《东西文化及其哲学》，时任团长的韩复榘听到梁漱溟的演讲，甚为崇敬。1930 年，梁漱溟在河南村治学院任教时，韩已是河南省政府主席。同年，蒋冯阎发生军阀争斗，结果冯阎联军大败，冯玉祥几乎全军覆灭，韩复榘叛冯而率部退到山东，蒋介石为拉拢韩复榘，任命他为山东省主席。蒋冯阎大战结束，韩复榘在山东得势，河南村治学院的众人也就随之来到山东，得到韩的大力支持，所以，山东的乡村建设运动也就能顺利开展了。

在选择何处作为乡村建设试验基地时，梁漱溟等人颇费了一些心思。选址遵循什么样的原则呢？梁漱溟的同人郭燕晨在其著作《梁漱溟在山东》中描述道："地点必须距济南较近，又不能太近，交通必须比较便利。选择的县要有代表性，政治上没有大地主，不能有太大的干扰，像诸城就不行。"在这些方面，邹平自然条件、地理位置都比较好。山东 108 县分列三等，邹平属三等，县不大，人口不多，没有大地主的干扰，位于胶济铁路沿线，离济南、周村较近，交通在便与不便之间，是搞实验的理想之地。因此，邹平县城被定为研究院院址所在地，邹平县也就成了从事乡村建设试验的基地和中心。

经过筹备，1931 年 6 月 15 日，山东乡村建设研究院正式成立。该院设立研究部、乡村服务人员训练部、邹平实验县和农场四部。梁仲华任院长，孙则让任副院长，梁漱溟任研究部主任。功能是一方面研究乡村建设问题，一方面指导乡村建设的实践，很明显具有"政教合一"的特征，特别是随着后来的发展与变化，研究院不再只是一个学术研究机构，而是在进行学术研究、人才培养的同时，又兼有行政部门的职能。山东乡村建设研究院从成立到 1936 年，为乡村建设运动培养了大批人才，奠定了乡村建设派的据点，在改良农业、传授和推广农业技术等方面，乡村建设研究院做了大量有效的工作，取得了斐然的成绩。

研究院开办伊始，由梁漱溟撰写《山东乡村建设研究院设立旨趣及办法概要》，以说明该院设立宗旨和具体内容办法，与招生简章一同发布。该《概要》主体精神是梁漱溟《东西文化及其哲学》和前几年进行乡村建设研究的理论和思想。他开宗明义，指出中国是一个农业大国，由乡村组成其主体，所以"中国的建设问题便应当是'乡村建设'"。接着他强调指出，西方的"都市文明"的后果内而形成阶级压迫的惨剧，外而酿成国际大战的祸灾，中国不能再蹈覆辙，也无条件去走，因此中国必争取"乡村文明"。随后又进一步阐述，西方文明是一条个人为本位的发财之路，它的动力是"竞争"，竞争使少数人发了财，多数人受饥饿，美国如此之盛，结果也是 700 万人失业。而乡村建设要取"社会本位"，走合作之路，与个人竞争分为两途；"农业合作"的道路，正好是"集体进步""最是养济众人的一条大道"。而后文章又转向知识、知识分子和农业的关系上。过去中国乡村简陋，用不上知识分子；而知识分子向军界政界挤，去做"高等乞丐"，结果农村愈愚、愈弱、愈贫，知识分子也走上自选的死路。而知识分子回到乡村，去搞乡村建设，既解决了乡村的愚陋，又使自己走出一条光明大道，即"民族自救"的大道。

梁漱溟在深入地阐发乡建理论之后，又提出乡建工作的经济、政治、文化三方面的主要内容。经济方面，谋求农业各门类的发达，谋求技术改进和经济改进。其基础工作必取"合作"形式，如生产合作信用合作；农业发展之后，即由合作自治体去开展工矿业，逐步走上机械化道路，那时虽有了近代机械化体制，也不会造成"近代工人生活机械之苦"。政治方面，即走乡村自治组织的道路，在经济普遍合作提高的基础上，建立自治组织，由经济合作引入政治自治。文化方面，中心是进行全民教育；教育的好坏，决定经济和政治能否搞好。包括学校教育、乡间礼俗兴革、禁除积弊、树立文明风尚，等等。

最后，分列了各部的工作要旨。乡村建设研究部，任务是养成普遍研究的学术风气，并且研究山东全省的乡村建设方案。先招收留意乡村问题的学员30名，毕业考核要有一定的研究成果，毕业酌留本院服务或向省政府推荐至省内从事乡建工作。乡村服务人员训练部，招收学员约300人（邹平40余人，济南所属20余县每县10名），中学毕业，世代乡居。培养目标：陶冶实际服务精神，认识各种乡村实际问题，掌握乡村建设的各项技能。试验区选定济南东北胶济路周村站30里的邹平，以本县县长兼任试验区主任。训练部学生先在实验区进行各项实验，第一届学生毕业回至各县后再于各县实行乡村建设的各项工作（如县自治、县农场、县农民银行、县办民众教育等）。试验农场选在试验区之内。开展农牧各业的试验，同时作为二十七县的农业技术的指导基地。

以后，山东乡村建设研究院的工作开展，基本就是按梁漱溟的设计进行的。

二、乡村建设的推广

1931年6月中旬，招生大体结束，研究部和训练部开学时，邹平实验区的工作也开始进行。研究院开展的是农民工作，农民的思想不够开展，较多猜忌，难以打开局面。为让农民了解乡村建设工作，研究院于1931年暑假期间召集邹平六区（市区除外）370 余名乡村教员开会，由研究院派人向他们先行讲解乡村建设的宗旨和意义，同时派研究院的学员同他们一起生活，随时讲解，会后成立同学会，让他们做乡村建设实验的积极分子，让他们回到各乡向农民做宣传。

乡村教员讲习班结束后，研究院又开了一次农品展览会。1931 年 9 月，他们从乡村和青岛大学农场、金陵大学农场、青岛商品检验局等农业试验场征集两千余件农品标本及研究试验成果，共开会 4 天。前来参观的有 46000 多人，占邹平县总人口的 1/4，农民们到展览会上边看边问，知道研究院是来解决庄稼人的问题的，心理上便接受了研究院的工作。

随后，研究院即赴邹平各乡村成立"乡农学校"，建立乡村自治组织。乡农学校大体是以乡村为单位，每校约为二百户乡农。二百户中先推举一名校董，由校董推出校长；校董、校长共同出头召集本乡成年农民入乡农学校听讲和接受培训。讲课和培训农民的则是研究院的师生。乡农学校的功课有识字、珠算、唱歌，而以精神陶冶为主。同时成立自卫组织，进行自卫训练，并逐步引导他们进行农业试验，如棉花栽培、蚕桑改良、造植林木等。在此基础上逐步深入，成立起机器织布社、林业公会、棉花生产运销合作社、储蓄会社、禁赌会社、戒烟会社等。

乡农学校成为乡村建设运动的一个纽带。各乡村开办起来之后，便将乡农学校扩充为乡村自治组织。乡村自治组织逐步成了乡村政治、经济、文化浑为一体的农村单位。截至 1937 年，邹平县计有乡农学校 258 所，校内又分为儿童、成年和妇女三部。

1933 年 3 月，山东菏泽又辟为乡村建设研究院的第二个实验区。1933 年 7 月，邹平县由原"乡村建设试验区"改为"县政建设实验区"。1934 年，山东乡村建设研究院在菏泽建立分院，同年夏，划济宁为第三个乡村建设实验区。1935 年初，扩大到郓城、曹县、单县等鲁西 14 个县为实验区。不久全省就有六十余县皆建立了以乡农学校为系统的乡村建设自治组织。1936 年 2 月，山东乡村建设研究院与山东省地方行政人员训练所合并为山东省县政设计委员会，从此乡村建设研究院在山东国民党省政府中不只是居于第二省府的地位，而是与其真正融为一体。

三、乡村建设的深化

山东的乡村建设工作始终得到梁漱溟的理论指导，乡村建设运动不断深化着他的认识，他的理论和实践在全国也逐步产生了很大的影响。

他由思考中国的乡村建设，而研究了丹麦的教育。他对丹麦的教育精神和效果大为感慨折服，从而于1932年10月发表了《丹麦的教育与我们的教育》，将丹麦的教育思想作了生动而深刻的阐发，从而对中国的教育又进一步作了解析和探索。他看到丹麦的乡村教育本质上是"觉醒一般人的精神生活，而培养他们的友爱"，"决没有退化为读书的场所"，感到特别符合他的思路；他介绍丹麦的"人格感应"的教育家格龙维等在"感到民族覆亡的恐惧，而怀着生长和发荣之希求……将历史的灵魂传递于民众"，他们用充满爱和自由精神的诗和歌去唤起丹麦全民众的觉悟，"创造了一个新丹麦"，他认为这全同于孔子的生命哲学的教育、礼乐的教育；丹麦的"学校家庭化"乡村教育更加让他坚定了乡村建设的步子。由丹麦乡村教育的成功，使他看到当时中国教育的失败，他肯定地提出：中国必走乡村教育之路；必将偏于知识的教育改为"着眼人生行谊"的教育；必由官府办学改为"社会上私人办学"。

1932年末，南京政府内政部召开会议讨论地方自治问题，梁漱溟应邀参加。参加此会的还有河北定县中华平民教育促进会、无锡教育学院等单位的代表晏阳初、王怡柯等。1933年2月，南京政府教育部召集民众教育专家会议，讨论民众教育等问题，梁漱溟应邀参加。会上推举梁漱溟起草"民众教育在教育系统上的地位"等方案。梁漱溟拟订了《社会本位的教育系统方案》于1933年8月发表。这一方案呼吁政府和社会纠正忽视社会民众教育的偏见，强调中国的教育应以社会教育为"本位"，学校教育应同社会教育浑然为一个体系，以达到解决中国社会问题之功效。梁漱溟的这个方案，实际上是把乡村建设运动中的民众教育写进了国家的教育系统之中，达到法律化之目的。

1933 年 7 月，全国乡村建设工作会议在邹平召开，梁漱溟在会上作了《山东乡村建设研究院工作报告》，报告阐明乡村建设工作是"民族社会的新建设运动，为重新建设中国社会构造之运动"。

自 1934 年山东乡村建设研究院院长梁仲华调任济宁专员，梁漱溟接任院长职，他负责全院的教育和乡村建设的实验工作，继续进行这方面的理论研究，同时不断给院内师生和社会许多部门讲述乡村建设理论，强调乡村建设的意义。1934 年，《乡村建设论文集》出版（乡村建设研究院版）。1935 年又出版了《梁漱溟教育文录》，该书汇集了梁漱溟的二十二篇文章，辑者唐现之在本书前言里概述了梁漱溟的生活和品格，对其十分赞慕，称他"是一个充满了生命力的人，他有深刻独到的见解，他有远大周详的眼光，他有深厚强劲的魄力，他有通达明澈的智慧，他有柔嫩易感的心肠，他有悲天悯人的怀抱，他有深心大愿……!"唐现之的文章代表了当时一批知识分子对梁漱溟的崇拜，说明梁漱溟的思想和乡村建设活动在中国的文化思想界有了深刻的影响。

1935～1937 年，梁漱溟在邹平乡村书店还连续出版了《朝话》《乡村建设理论》《乡村建设论文集》《乡村建设大意》《自述》等书及一大批论文和演讲稿。这些论著多是从事乡村建设运动后进行的理论归纳和实践总结，在当时对乡村建设有很高的指导和实践价值。其中，《乡村建设理论》是他一生中从事乡村建设运动颇为重要的著作，又名《中国民族之前途》。梁漱溟在这部著作中为中国的未来勾画了一个庞大的蓝图，标志着乡村建设理论的成熟。

四、乡村建设的尾声

1935 年秋季，日本帝国主义侵略华北，山东局势也开始紧张。山东乡村工作转入备战阶段。梁漱溟指导研究院开始分期分批训练民众，组织民众，集中八校师范生下乡担任训练乡民的工作。

这两年梁漱溟不断被邀请去各地讲学，如去无锡、广州、南京、成都等地。他一方面演讲中国文化、乡村建设、孔子哲学，另一方面因日本侵华而宣讲抗战救国。1936 年初，梁漱溟应广州教育界的邀请赴广州讲学，途经上海时与国民政府军事委员会高级顾问、军事专家蒋百里会面。两位不同领域的专家都对中国现状和未来进行畅谈。蒋百里素来熟习日本情况，对梁漱溟预言日本将大举入侵中国，中国将以山东、山西做根基应付抗敌，让他及时回山东，帮助政府做乡村的各项备战任务。

随后，梁漱溟即去日本作为期一个月的考察（1936 年 4 月 19 日至 5 月 19 日），4 月 20 日回邹平讲《东游观感》，主要内容还是着眼于乡村建设问题，认为日本农村的村民组织健全，合作化搞得好，文化教育有成绩，但有的农村比中国还要落后。以后的讲演则侧重于抗击日寇，尤其至 1937 年日本发动全面侵华战争前，他于 1937 年 6 月应四川之邀去重庆、成都演讲 30 余次，多将抗战主张放在首位。如 6 月 13 日在成都演讲了《我们如何抗敌》，是要将乡村建设工作与抗击日寇密切结合，发动乡村民众，组织全民抗战动员民众"化民为兵"，与日寇作持久战。要完成全民持久战，必须做好乡村建设工作：一是解决乡村农民的生活（除苛税、恤灾害等）；二是完善村民自治组织，做好抗敌自卫武装训练，并进一步动员知识分子下乡做好农民的组织、宣传工作。

历时七年之久的邹平乡村社会试验，虽取得了大量成绩，最终因日寇的入侵戛然而止。1937 年 7 月，日寇全面侵华的隆隆炮声打破了田园牧歌式的乡村建设运动。梁漱溟结束山东邹平的乡村建设工作，毅然投身于抗日救国的洪流中，开始他长达 14 年为国事奔走的抗战历程。

第四章　乡村建设的理论

民国时期，形成了一股研究乡村建设的思潮。在众多的乡村建设派的主张中，梁漱溟是具有代表性的。梁漱溟对乡村建设理论进行了有益的探索，形成了一整套独具特色的乡村建设理论。他的乡村建设理论在民国时期乡村建设思潮中最具系统性、完整性和前瞻性。其独到之处主要表现为，这一理论充满着对中国儒家传统文化的深深眷恋和立志复兴传统儒学的执着追求。梁漱溟的乡村建设理论可以从以下几个方面进行考察。

第一节　乡村建设之提出与目标

一、西方文明冲击与中国文化失调

对于近代中国所面临的生存危机，梁漱溟深刻地认识到，"今日之乱"不同于往日周期性的乱，所以不会再走过去同样的一乱一治的老路。"今日之乱"，是西方强势文明与市场经济全面冲击的结果，中国文明、中国人对自身文明的自信以及中国传统社会组织结构在这种冲击下节节败退。因此，我们面对的挑战是严峻的，面临的困局不是小修小补就能奏效的。在这个意义上，中国传统社会彻底崩溃只不过是这种深层次危机的一种表现。

但从中国传统社会组织构造彻底崩溃的原因来说，它又不是完全可以用外来冲击所能说明的。梁漱溟认为，这种崩溃的原因主要来自两个方面，一个是文明的他毁，一个是文明的自毁。所谓"他毁"就是西方文化的入侵所造成的"外力破坏"，即外交，军事和国际经济竞争的失败；所谓"自毁"就是"为外力破坏所引起几十年的民族自救运动"，它包括西方文化入侵所造成的破坏以及民族自救运动中"对于西方的模仿追趋和对固有文化的厌弃反抗"。自毁又是其中最主要的原因。当然，这不是说中国文化没有自己的局限。中国文化在与西方文化碰撞与对比后，显出中国文化缺乏科学技术和团体组织两大缺点，体现出中国文化的老衰性和幼稚型。但在遇到西方文化的冲击后，由于中国人的传统智慧和根深蒂固的向上心，使中国人表现出对自己文化"厌弃与反抗"两方面的特点。"旧社会的无法维持，是受智慧的批评，向上心的否认。""厌弃，就是因为领会不到他的意味；反抗，就是淫威不甘服这强性地压迫。"因为这种"厌弃与反抗"才有了各种各样的自救运动。梁漱溟认为，西方文化的他毁在先，但这种种自救自毁自乱运动占主要的破坏作用，所谓自毁重于他毁，两方面的因素相互作用和相互影响共同造成中国传统社会构造彻底崩溃。

这种自毁与他毁使中国传统社会构造彻底崩溃。由此所造成的结果，主要体现在两方面，一方面是文化的失调，即伦理本位和职业分立的社会构造被破坏严重，造成社会秩序和思想严重混乱；另一方面是造成国家政治各方面的困境，包括国家权力建立不起，政治消极无力，各种思想分歧。此外，由于中国传统社会自古缺乏集团生活以及阶级的不存在，由于既有的和变化的"社会事实"与抽象的、脱离背景的"意识要求"不符以及中西精神的不同，使得各种模仿照搬西方的政治制度和文化思想的救国运动不仅不能成功，反而会使中国社会乱上加乱。

二、乡村建设运动的要求和目的

正是基于这样的考虑，梁漱溟认为"我们旧日社会已崩溃到最深处，故必从头做起"。正本清源，从文化建设做起，从占中国主导地位的乡村建设做起。而乡村建设的目的是要在乡村建设新文化，建立新的组织，自下而上，自小而大，"从乡村组织一个小小的端倪，慢慢萌芽生长而开展为一个大的社会组织"，最后达成文化创造性转化和再建这一目的。乡村建设运动的要求概而言之，即是积极建设与救济乡村、乡村自救并重，建设有自己特色的文化与社会构造。

具体说来，乡村建设运动是重建农村社会新组织机构、新礼俗，构建理想的乡村社会。梁漱溟认为救济和自救乡村的要求主要来自三层：浅一层，因为中国自鸦片战争至20世纪30年代近百年史是追求都市文明未成的乡村破坏史，引起各界救济乡村的愿望。深一层，由于国内政治分裂特别是军阀混战，乡村成为牺牲品，被逼自救。——以上这两层要求乡村武装自卫和经济建设。最深层，传统社会组织结构、旧礼俗、旧习惯彻底崩溃，要求建立一新的社会组织构造，即"新机构和新礼俗"，这也是最重要的一层。这三层社会现实及相应的二个要求是导致梁漱溟的乡村建设理论和邹平乡村建设实验产生的原因，他认为，乡村建设运动的目标就是要重建中国新社会构造，这是它的真意义所在。"今日中国问题在其千年相沿袭之社会组织构造既已崩溃，而新者未立；乡村建设运动，实为吾民族社会重建一新组织构造之运动。"

第二节　乡村组织——文化运动团体系统

一、中西文化互补与新组织、新礼俗的创造

梁漱溟所要建设的新社会组织构造其实是建设一种新文化、新礼俗。"新

组织构造、新礼俗，二者是一件东西。"同时他的乡村建设运动是以教育为推动力的社会文化运动，其乡村建设运动的团体系统就是文化运动团体系统。梁漱溟的乡村建设本质上是一种文化再建设和再创造，这也是它不同于同时代其他乡村建设运动的最大和最主要的特点。那么这种新文化新礼俗，其新在哪里？

所谓新礼俗，是中西文化优点的沟通、调和与融合。"就是中国固有精神与西方文化的长处，二者为具体事实的沟通调和，不只是理论上的沟通，而要紧的是从根本上调和沟通成一事实。"这种根本调和与沟通要求从中西文化的冲突与背离背后去找融合点。

梁漱溟认为，中国精神的长处有两点：一是伦理，一是人生向上，人生向上的精神必崇尚贤智。"因为学理的对否是不能取决多数的，人格也不能以多数人为准；这种团体天然的要尊师，要以贤智为尚。""尚贤尚智根本是一个理，都是因为多数未必就对。"由此，梁漱溟主张政（政治）教（教育）合一，"以教统政"。中国精神的短处也有两点：一是没有团体生活的历史（梁漱溟认为原因是没有阶级没有宗教），团体组织上消极散漫而被动；二是科技不发达。而不管中国精神的长处还是短处，都是与西方少数服从多数的民治，以及政教分离的法治相冲突背离的。

而西方人的长处，梁漱溟总结为四点：一是团体组织，这正好用来克服中国人的散漫；二是团体中的分子积极参与团体事务，正好解决中国人的被动性；三是尊重个人，这有助于完善中国人的人格问题；四是财产社会化，此点有利于完善中国的社会关系问题。

中西文化上的融合点是存在的。"我们因为事实上的必要，要往团体组织里去；西方人因为事实上的必要，其团体组织之道也转变而渐与我们接近。所以说二者有一个融合点。"梁漱溟认为："我们所要建设的团体组织，也正是西方将来要变出来的一种团体组织。这一团体，虽不必取决多数，可是并不违背多数，它正是一个民治精神的进步，而不是民治精神的取消。"梁漱溟把这个融合后的新政治称之为"人治的多数政治"或者"多数政治的人治",即一方面是民治而一方面是非法治的新政治。梁漱溟认为,贤智的人是活得高明的;而法却机械和死板,根本不符合中国固有的情理情谊精神和人治传统,"法既可因大家承认同意为最高,那末,一个人也未尝不可因大家承认同意而为最高",因此梁漱溟将人治取代了法治。梁漱溟强调这种调和人治和民治而非法治的要点是在于,团体中实行少数人领导(即尊崇贤智)的同时,多数人要主动积极参与和关心团体事务,即"多数人的有力参加"。这里的"有力参加"就是民治,民治不必一定是多数表决,而少数人领导也不必然意味着就是众多人被动。

西方文化和中国固有精神的冲突点,不仅仅存在于团体组织上,在权利义务观、平等观和自由观上也有其不相合的冲突存在。而梁漱溟却从二者的种种冲突背后分别找到其相合处。首先在权利与义务观上的不同是:西方人是从个人出发,以个人为本位和中心,讲个人权利,把参与社会事务作为义务,比如投票选举等;中国是伦理关系社会,而伦理关系本身就是义务关系,中国人是从对方出发的义务论。但西方的权利与义务有时也是相合的,比如选举权,一面是公民权利,一面则是社会义务。这就既是权利又是义务了。在梁漱溟看来,这种"权利不从自己说,义务不从对方说,就可与我们完全相合"。而在梁所倡导建立的村学乡学的团体里,每一个分子都为有力的参加者,"尽其义务,对团体生活为有力的参加"。梁漱溟认为这样的新组织一方面与中国固有精神相合而不冲突,另一方面又与西方近代团体组织的长处相兼容。在平等问题上,梁漱溟认为:中国人的平等观,由于没有宗教的历史而最少痼弊、最少偏见;中国人的平等分为两种,一种是看重理性,尊尚贤智的平等,另一种是尊重亲长的等差平等;而西方的平等是从个人权利的平等出发,讲求个人平等。在自由问题上,梁漱溟认为西方在团体中的个人自由是其很大长处,而中国人因为缺乏团体生活的习惯而短缺自由。

总体来说,梁漱溟看到中西文化有两个可以融合之处:一是西方文化在近代的变化中，与中国文化有所接近，从而融合。比如，西方从过去的古典自由主义强调个人的消极自由，转变到现在的以社会为本位的积极自由，更注重个人义务，更加接近于中国的义务论伦理观。二是中国人应学习和培养像西方团体组织内人们的积极参与能力，并结合自己的伦理关系社会结构和政教合一，以及重人治轻法治尚贤智为领导的精神传统，产生和形成自己新的文化、新的礼俗和新的社会组织构造。这种新组织的特点是以一种中国精神为主的团体组织，即以伦理情谊为重，以人生向上为前进目标的组织；它以中国固有精神为主而吸收西方人的长处，是一种中西具体事实的融合。

由于中国缺乏宗教、阶级、集团、政党的事实和概念意识，梁漱溟认为中国不可能自发地演化出一个组织来，而只能创造出一个富有理性的组织构造来，从理性上慢慢建造成一个秩序，即社会自由的秩序。考虑到各种因素，这种建构从乡村入手则更加容易成功。

二、教育与自治：文化与组织的携手共进

梁漱溟看来，中国自古以来的支撑和重点都在社会而不在政治；中国社会的根分有形和无形两种，"有形的事实就是乡村，无形的道理就是理性"。中国本是集乡而成国的，要从小处入手，小处则是乡村，多数人都在乡村，团体组织内多数人都在乡村；所以要建设社会组织就要从乡村入手，在乡村作工夫。另外，中国的经济建设也需要从复兴农村入手。更重要的是，中国新社会组织的苗芽容易在乡村之理性中得到培养。在梁漱溟看来，中国人的理性主义本是平静通晓而有情的，而农民与城市相对的工商业者，前者常常接触大自然的生命和植物，生活从容而活泼自然，后者则总面对城市的高墙和工作时面对的是机械，生活匆忙而麻木。所以，相比城市的工商业者，农民更自然、质朴、有温情、富于感情和人情味以及乡土和地方公共观念，仍然是伦理情谊化的社会和组织。

梁漱溟的乡村组织，实际上是在古代乡约的基础上补充、积极改造而建立

起来。乡约最初是由北宋吕和叔兄弟创立的乡村社区组织，规定同约人要"德业相劝""过失相规""礼俗相交""患难相恤"。"德业相劝"，即修身齐家之事的互相勉励；"过失相规"，即劝诫旧习，如戒烟、戒赌、戒惰、戒斗等；"礼俗相交"，即村民之间要讲尊长爱幼、相亲相敬之礼等；"患难相恤"，即相互约定共同防匪、防灾、防疫、恤贫、恤孤、相帮相助等。后来，南宋的朱熹曾加以修订，明代的王阳明则都仿效实行，各有增补，清代的陆桴亭也曾做过改造。

梁漱溟对吕氏"乡约"评价甚高，认为这种乡约既包含了地方自治，又"充满了中国人精神——人心向上之意"，"合乎我们以前所讲的原理原则，为我们所要求的一个组织，是一个伦理情谊化的组织，而又是以人生向上为目标的一个组织"，它把生活上一切事情包含在里边。"大家认识了彼此的真关系，以求增进彼此的关系，把大家放在一种互相爱惜重情谊、互相尊重中，在共同相勉于人生向上中来求解决我们的生活问题。"而现在的地方自治只注重事情，没注意到人生向上。西方不是宗教组织就是政治组织，都和乡约不一样。

梁漱溟的乡村组织就是如乡约一样的伦理情谊化，同时又是以人生向上为目标的一个组织。所不同的是，它引进了西方的团体组织内分子积极参与团体事务（鼓励多数人积极主动参与并不一定意味多数表决），改造旧乡约仅注重个人道德完善的局限，强调建设乡约与建设中国社会、政治、经济和文化间的关联。

梁漱溟设想，对中国农业社会向来的乡规民约进行创造性的改造与转换，将新的内容套入旧的形式，这样就可以建立具有东方特色的新的社会组织形式和秩序。梁漱溟的乡村组织具体构造，吸收了清朝陆桴亭有关乡约建设思想中的一些积极要素。陆氏乡约以社学、保甲、社仓三约为目，以精神为纲。在陆氏那里，虽然乡约为虚，三约为实，但三约都是属于乡约，并充实乡约的。三约中的社学是教育机关，社仓是经济机关，保甲是自治自卫的政治机关。经过三约的充实，乡约由务虚到务实，改消极为积极，形成乡村的具体组织构造。

吸收了陆氏乡约建设思想后，梁漱溟筹建的乡村组织构造便有了如下四点优势：①将消极的彼此顾恤，变成积极的有所作为；②注意人生向上与志气的提振；③从无形到有形，从广泛参与、联合到设立讲求进步的机关，并由乡与乡扩大至县与县、省与省的联络；④独立于政治权力，由私人或社会团体提倡，以社会运动的方式推行。

乡村组织由此既有自己的精神追求，也有自己的物质层面，或者也可说既有文化意蕴，也有经济建设。在梁漱溟看来，乡约的精神追求是很重要的。"乡约的主要之点，就是立志。必须从立志开头，才能有乡约；必须把人生向上之意提起来，才能有乡约；所以我们的乡约也要从发愿来。"而这种立志发愿是要自动自发而不是强制被动的。"乡约就是提振大家的志气——亦通常所谓的道德。"道德必须靠志愿，志愿必是自动。"所谓自治，要紧的一点就是自动，不是被人支配的。"梁漱溟认为教育和自治都是要采取实验的态度，让人去摸路子走，政府都只能从旁间接援助，不能靠政府整齐划一强制推行。

从务实方面来说，梁漱溟的乡约或乡村组织工作有两方面：一方面是教育，另一方面是自治。前者是建设文化，后者是建设组织，两方面共同建设互相促进，正好组成文化运动团体系统。文化运动团体存在于最高政治权力之下，但又独立于现政权系统；它不能推翻现政权，不能用暴力破坏，"只能培养工夫，使社会慢慢进步"，它与现政权系统一起共同构成中国的两大系统。"乡村运动为主力，现政权则为助力，以完成新社会之建造。"

第三节　乡村建设与四大领域之变革

梁漱溟的乡村建设理论涉及的领域主要分为以下四大块：一是乡村组织；二是政治问题；三是经济建设；四是瞄准理想社会。这四大领域的内在关联是：乡村组织落实到乡农学校头上，它起推动设计作用，主要是培养乡民的团体组织习惯；新的乡村组织要利用现政权，让现政权顺乎它的方向作势，使现政权为其所用，并由它来推动社会进步，促进政治问题的解决；政治问题的解决为经济建设创造条件，促使经济方面的新组织逐步长成；新的文化团体与政治权力与新经济组织综合起来，自然代替旧政权，达成理想社会。下面分别论述梁漱溟在这四个领域中的变革设想。

一、乡农学校

（一）组织构成

乡农学校是集学校与自治组织于一身的机构。它由四个部分构成：校董（也叫学董）会、校长（也叫学长）、教员和乡民（也叫学众，即学生），其独特之处是政（自治）教（教育）的合一。因此，它不仅是一个学校机关，而且是一种新型的地方自治组织。乡农学校划定了区域范围，规定了内部的设置，将目标定位在组织乡村和乡民。具体来说，"我们的乡农学校所划的范围，是由一百五六十户至三四百户，在此范围内，先成立校董会。校董会中都是些领袖人物（由乡村中有信用、资望的领袖所担任，可以不识字）；再从校董中推出校长（则由那些'齿德并茂''群情所归'的士绅所充当，校长必须是乡里有文化者）来主持教育的事情；教员由'乡村运动者'来担任。至于学众，则包括一村或一乡中的男女老少，一切人等。只有教员是外来的，其他三项人都是本地人。范围如此划定，内容如此配置，则构成为一种组织"。其特点是着重学而不是注重事，以学包事，把人生向上之意放在里面，以乡民为主体，注重乡民的主动性，同时也注重乡民与领袖的互动沟通联系。乡农学校的作用是推动设计，目的是解决乡村问题，靠乡民为主力，由教员引导启发使之自觉，通过提引问题、商讨办法和鼓励实行的形式，启发乡民自觉参加团体生活，使之对团体的事情有关心有考虑，如聚合组成合作社等，这就是地方自治了。

乡民学校在中国当时似乎是一种变通，但梁漱溟认为等将来多数人的文化水平增高时，仍需要乡民学校。到那时便可以将其变为大的系统、大的网络，由有眼光的人领导大家去做，这便是最理想的社会，即尊重贤智者的领导。但立法作业也不可少，因为团体分子居于主动地位是必要的。

地方自治组织的结构设置主要分为四项：一是乡长（校长、学长）；二是乡农学校；三是乡公所；四是乡民会议。乡长就是原乡农学校校长，属于监督教训机关；乡农学校属于推动设计机关；乡公所是原乡农学校校董会，属于行政机关；乡民会议是原乡农学校全体学员，属于立法机关；其中还有一项总干事是原乡农学校校董会常务董事，属于事务领袖。

乡长（校长、学长）的作用是监督教训，独立超然于外，不负责行政事务，乡长充当调解委员会和监察委员会的作用，目的是不使众人与办事人负责人正面直接冲突。乡长实际上代表的是"理"，处在老师的位置，以理性而不是以法解决问题，所谓"人生向上，教学相长"，是有情谊的爱惜人的意思。乡民会议起到立法作用，主要是村学或乡学开会通过办事人事先倡导与事后报告的会议形式，使乡民人生互依，增进其关系，乡民会议不讲个人本位与权利本位，每个分子都积极参加团体生活。乡农学校起到推动设计作用，而教员在这里则代表着大团体、大系统，以新知识、新方法而尽其推动设计之责者。

（二）组织的作用

尽管乡村组织的内部设置完善，但有人认为这个组织仍然有着无凭准、无制裁和太灵活的问题。但梁漱溟回答说，这些都不是问题，因为乡村组织如此灵活的目的就是要为社会规定出一个方向来，培养出一个新习惯，即"相喻共守"，从而建立新礼俗，而这"礼"本质上有道德义务、舆论制裁和有打有罚的作用。梁漱溟的乡村组织是为了培养新的政治习惯，建设新礼俗，从而建立中国的民主政治，即前面提到的"人治的多数政治"。

具体来讲，梁漱溟的乡村组织作用主要在于两点：一是标出人生向上，开出一点好风气；二是启发生机，以启发乡村自力自为，形成地方团体组织，让众人对团体生活为有力的参加。目的是求农民政治上、经济上的平等，调整和改善社会关系，这也需要充实农民本身理论，次第完成。梁漱溟的乡村建设运动的目的顺序：首先充实农民本身力量；其次调整社会关系改造社会构造；最后求得农民经济上和政治上的平等。同时，梁漱溟也希望通过乡村组织自治这条路实现一个理想社会，这种理想社会是建立在生产技术提供，社会掌握生产手段基础上，同时社会组织合理，社会对个人负责，而且要在经济上和教育上平等，没有阶级存在的社会。中国将来应该由国家负小责任，地方负大责任。从伦理互保进而为乡村自治，由小范围的团体自治扩大到整个民族社会的一体性，通过认识和增进社会连带关系，走伦理情谊的路，由人与人之间的彼此照顾，进而发展为团体负责。地方自治既是一种类似政治组织，也是经济组织，同时也是文化教育组织；政治经济和文化教育三者合一是乡村组织的最后目的。

二、政治问题的解决

这里所谓的政治问题，在梁漱溟看来，一方面是指没有一个统一的合理想的政治制度；另一方面是指政治权力不统一，政治秩序混乱，政治局面动荡不稳定，没有一个统一有力的政府来领导国家和社会的进步和发展。而出现这些政治问题的原因，梁漱溟认为根本在于社会结构的崩溃和失败，因此要解决中国的政治问题，就要同时解决中国的社会问题，"我们非双管齐下不能解决中国问题；非一只手把握着两端向前进，不能解决中国问题"。乡村建设理论解决问题这部分的第二大段就是关于政治问题的解决。

首先这个解决政治问题的动力是什么？梁漱溟指出，这要靠最先、最多接触西方文化的知识分子与农民的联合成一种力量，组成乡村组织，由知识分子引导和启发农民的自主自动性，从而培养乡民的团体生活习惯，建设新的礼俗新的文化，调整社会关系，在社会用力，以求社会的统一，为构建新的社会组织构造打下坚实基础。所以说乡村组织是理想社会的端倪和苗芽，是为重建中国文化做预备的。

但乡村组织要生长，要发展，有两个条件：一个是经济进步，只有经济进步了，"此端倪、苗芽者才得开展生长而不虚妄"，然而经济进步又需待政治问题的解决，才能开出机会、开出道理来往前走；另一个是政治统一稳定。因此当前的第一步是解决政治问题，而这个政治问题的实质是什么呢？所谓"政治不过是从社会来的一个反映，有什么样的社会就有什么样的政治"，所以政治问题本身就是社会问题的反映，而中国的社会已崩溃到最后，无论怎样用力于政治问题，自然久不见其效，徒劳白费力气而已。因此，要解决中国的政治问题就要从社会入手，用力于社会，调整社会关系，求得社会的统一，而政治问题自然得以解决。但这种用力于社会，调整社会关系，并不是指要建立某种政治机构，因为社会彻底崩溃，很难在其基础上建立或形成某种政治机构。解决途径就是，求统一于社会——复苏乡村经济和农业生产。

不求统一于上，而求统一于下，即是指求统一于社会，社会统一则国家粗安。怎么做呢？

一是要从散漫进于联系；二是要见出一共同要求趋向来；三是要比以前有力量。"这三点是相联的一回事。没有共同要求趋向，便联系不成；而联系成了，便有力量，无待更求力量。……散而且乱的中国社会，就是苦于寻不出一强越有力的要求，掩盖其他；同时又说不上全国一致，而只见其散漫迷糊，离奇复杂，今日唯一要紧的事，必须调理出一个大方向（大要求）来，则大局夫何难定。"

具体的设计就是"建教合一"。以乡学村学为推动设计机关的乡村组织，特点是一面教育人，一面建设经济，而这种经济建设必要寓于教育，表面是经济建设为主，骨子里却是社会教育功夫，建设、教育二者不能分开。

中国问题的解决全在其社会中知识分子与乡村居民打并一起所构合成的一种力量，那他们以何种方式构成一种力量呢？那就是以乡村运动乡村组织的方式来构合而成一种力量。"此乡村运动之广大联合，我推想将始终为一联合体，为二重组织；而非单一团体。"也就是说，各地的乡村运动各为一个组织，再联合起来，也是联合之上又联合，而不是合成一个单一团体。

"总之，散而且乱的中国社会，天然不能产生西方式的党团；只能这样地凑拢起来，从分散而集中，从疏远而密近，从杂乱而到有条理。这是崩溃后的大社会向前去的一种转变。——唯一可能的转变；也就是促成知识分子可以合作的唯一机会；就社会说，是唯一的转机，舍此更无旁的转机可求。就知识分子说，只有这样才得有其贡献于社会；不然，只有危害或不得其尽力之方。"

启发社会力量应注意四个原则：第一，植根要深，乡村运动植根于乡民身上，正符合这原则；第二，新力量要一边用一边养，不可用之太紧，乡村建设运动中农民在乡村中，乡村运动在大社会中，正是这样慢慢成其力量的；第三，缺乏理智便没有力量；第四，要有积极目标做积极活动。梁漱溟认为，要为社会求出路，首先要尽力于复兴农业生产，求全国经济的复苏；其次从农业引发工业，完成经济建设。这是中国社会唯一的一条生路，也就是知识分子的生路所在。质言之，社会的生路要在乡村求，知识分子的生路也要在乡村求。

三、经济建设的问题

梁漱溟认为，中国的当务之急是"调整内部关系以树立应付环境的根本"。而调整乡村社会内部关系最直接的入手除了文化教育一面外，当数致力经济问题解放。中国的社会支点在乡村，而农业经济也是中国经济的根本，现在的乡村经济正遭受严重的破坏，所以建设中国经济要首先建设乡村经济、促兴农业发展，从农业引发工业。因为只有乡村经济问题解决了，乡村经济进步了，乡村社会内部关系得到调整了，才能形成政治力量；新社会的组织构造才能成长，相应的政治问题才能解决；政治问题解决了才能为乡村社会的地方自治组织即乡村组织开拓出机会来，为培养新的礼俗、新的团体生活习惯、新的文化铺下坚实的道路。

（一）方针路线

梁漱溟的乡村经济建设方针路线，即："将散漫的农民，经知识分子领导，逐渐联合起来为经济上的自卫与自立；同时从农业引发了工业，完成大社会的自给自足，建立社会化的新经济结构。"具体说来，这里面还包含三个要点：①非个人营利，也非国家统制，要从农民联合入手以达于整个社会的大组织；②从农业引发工业，而非以工商业为经济主导；③从经济上的自卫自立入手，以大社会自给自足为归，着重于为消费而生产。

（二）如何促兴农业：消极和积极两个功夫

农业改良面临国内的四大障碍：第一，治安问题，社会秩序不安妨碍农民生产；第二，运输问题，运销不便阻碍农产品流通；第三，农民税、租和高利贷负担问题；第四，自然灾害问题。"要想促进农业一定要放在整个乡村建设里面来做，单从农业上讲求农业是错误的。……不谋农业进步则已，要想农业进步，其势辗转牵连，必得照顾多方面，那也就是从整个乡村建设去作了。"那么，如何清除这四大障碍，恢复农业的生产力？

1. 四大障碍清除首先是一个政治问题

政治问题粗看起来，似乎应当由国家政府负其责任，但梁漱溟认为当时的中国要像一般国家那样来建立国家权力是不可能的，"非启发社会力量而统一之，不能奠定国家的统一"，这要借由乡村运动来统一中国社会，来启发社会力量，以全国乡村运动大联合为社会的中枢组织，即"间接操持政权"。"我们将以全国乡村运动联合的中枢组织，为知觉和用思想的机关，而以政府为行动机关。"

"在经济上中国果然要从农业谋翻身，还得有个合乎此要求的政治机构来完成它，像一般政权是不能负担此使命的。"政治问题的解决取决于经济条件，而经济问题的解决又取决于政治条件，两者紧密扣合，互相关系，离不开彼此。而中国政治问题之所以要靠乡村运动来解决，就因为"经济上的农业在中国关系太大、痛痒太切，定然别他地发生乡村运动"，因而中国经济要翻身必然要从农业上翻身。乡村运动的第一个功用就在于宣达农业和农村的痛苦。

2. 积极功夫——积极使农业进步的三个要点

"从农业引发工业"是中国经济建设的通盘规划，其具体设计为：一是流通金融；二是引入科学技术；三是促进合作组织。三方面互为条件，互为影响，如环相连，成互有连锁关系。农业进步以合作组织和金融流通为条件，同时，合作组织又是建立在技术和经营的基础上的，"进步的技术大规模的经营实为促进农民合作制最有力量的"。所以，合作是以技术进步、金融流通为条件的，而金融又是以合作组织、技术进步二者为其条件的。

技术进步、合作组织、金融流通三者最后汇合为一于教育，"无论那项事，到了下面与民众生交涉时，无非是想推动他领导他往前进，那就是教育功夫了。所以一切最好都归于乡村教育机关去作。上面要分，下面要合；上面是政治经济各项专门的事，下面是统括一切的社会教育；上面算是后方，下面算是前线"。

由于以上三点互有连锁关系，应统合进行，梁漱溟认为除了应该有一个主管农政厅与民政厅并重，还应设置下列几个必不可少的机关：第一，乡村建设研究院——将各项乡村问题拿来研究，同时训练乡村服务人员的一个机关。第二，乡村教育机关——指邹平的乡学村学（乡农学校），兼用学校教育和社会教育两种方式来完成一社会区域内的教育责任。"其组织以当地人为主体，所以也就是地方社会的一种组织了。"第三，县政研究会——决定乡村情形的或好或坏。为了了解和注意乡村建设，为了改善县政和陶铸县长人才，因此，梁漱溟认为关于县政改革的研究很要紧。第四，农业金融机关——农业生产力的增进必以农业金融的活动方便为前提。第五，农业改良试验推广机关。第六，乡村建设委员会——谋求沟通汇合以上几个机关的一个机构。这几个机关的关系是"彼此互为宾主，相与协作，是有一种配合在其间的"。

乡村建设委员会的作用有二：一是为上面各大机关彼此交换意见，谋其联合沟通，运用起来才得以圆活；二是为方便政府机关与地方社会及乡运团体之间交流沟通，互相印证所见，遇事随时商洽而不使有所隔阂。但要注意这一委员会不是立法机关也不是执行机关，而只算是一咨询机关，不必赋予一定权力。它的目的只是"就在能上下通气，左右逗合在此处"。

梁漱溟特别强调了乡运团体的教育作用，他认为，经济建设多要靠政府主持，唯独教育应保持独立性，"教育（包学术而言）在我们理想的社会制度内应居最高位领导一切；在今日未达理想之域，也不要附属于政权下，完全听政权支配，而应当保持相当独立性。这样，乡村运动团体与政府的分野，就是各项行政归政府，而教育归乡运团体；机关属政府（或地方自治团体），而人员属乡运团体。乡村运动既稳定大局形成统一政权于前，而在此进行经济建设之时，它更以教育领着经济建设向前走；一首一尾都是它。它的工作始终以社会大众为对象，要完成它的理想社会，而工具方法始终不离教育。政治经济都在其包涵之中，而超然不身当其事"。

3. 均调地权——解决中国土地问题——促兴农业

除了这消极和积极功夫，解决中国的农业问题还有一点是均调地权。梁漱溟认为中国土地问题在于三方面：一是耕地不足；二是土地使用太不经济的问题；三是土地分配不均问题。"土地分配不均，是从土地私有制来的流弊；私有土地的结果就难免不均。要想根本免于不均，只有土地全归公。"

解决的办法，除了要积极推行耕者有其田和土地的合作利用外，还有一点是平均地权。然而梁漱溟也意识到，要实行平均地权的第一个条件，就是能负责解决土地问题的政治力量。"有了这个，才能从法律上设为种种限制，裁抑地主，终使其土地出卖；而同时奖励自耕农，保护佃农。有了这个，才能建立完整的农业金融系统，从长期金融贷款于农民以购地。"另外，使耕者有其田本也有很多好处，但是更应要注意"从土地的合作利用（如合作社），达到土地利用的合理化，农业经营的合理化"。

4. 参考和借鉴苏联，促兴中国农业

梁漱溟认为关于中国的土地问题，农业经营和农民生活的社会化等问题，都可以从苏联得到一些好的参考。参考和借鉴苏联的农业合作社和农业集团化的农业经营方式。要农民"由散而集",农业也非要由散而集不可。苏联的农业经营方式主要有:国营农场、集体农场和个人农场三种。其中,集体农场更重要,它本身又包括三种方式:农业公社、农业合作社和土地耕种合作社。在这种方式中农业合作社最成功,其成功的条件有二:一是按工作量计酬,和加强农场劳动之组织;二是牵引机战。

从阐述和分析苏联农业经营方式中,梁漱溟看到了对中国农业发展有借鉴价值的道理:①经济生活社会化是必要的,但社会与个人或公与私两面兼顾,不可太偏一面,抹杀一面。也就是说,要农民由散而集是必要的,但也不能一味求集,还需要集中有散才行。②吸收"强求无益,欲速不达"的教训,不要强行收取农民的土地,不要强迫其集团化,需遵循农民的自由意志、自动参加。③尊重个人是活动的生命,承认其有自己的力量;尊重其有自己的感情要求,予以适当刺激,从而引导其活动。④心与物是相关的两面,推动合作(集团化)时,要里外两面同下功夫。这四个道理对于建设和发展中国农村生活、农业经营方式和解决土地问题等都具有借鉴意义和参考价值。

5. 农民合作与中国经济建设

中国经济建设一定要筑基于两点之上:一是以农兼工;二是由散而合,农民合作,农业合作社问题。如何促进农民合作实是如何促进工业化的前提。先说合作,梁漱溟认为苏联是没有合作的,其集团主义和大消费合作系统是"其意在集团,其意不在合作,有时好像合作,亦是一种手段"。而中国要实行合作制度就得合作,而不是其他,不是集团化的降格,因为"中国必靠合作行生产,——所以生产与分配,农业与工业实则都要以合作行之"。

中国合作运动的三特点:一是从上层着手,比如以国家权力规定法制,保护奖励;二是从下层着手,比如鼓吹劝导于社会;三是承上启下,做中坚运动。三者中,要先从中坚作种种布置,慢慢纳人民于合作中,在不知不觉中前进,引导他们的自觉自动能力,使其自营。这是由中国问题所规定的。要想合作运动有相当统制和计划,而被很快普遍推行于全国且健全合理,就必须走乡村运动这条路，这也是由中国问题所规定的。

因此，要农民自觉必待启发，经济建设必须统筹，可见中国的经济建设就是合作社的建设，而乡村运动正是以合作运动为核心的，那中国合作事业的推进自然就是，一方面要靠政府政策，另一方面要靠社会运动了。所以，中国真要进行经济建设，首先应在全国乡村有计划地大规模普遍推行合作，并在短期内纳农民于合作组织中。"这样无形中就将农民都变成经济的战士，而提纲挈领便于指挥。"把农民组织起来为的是促进生产统制消费，从而使从农业生产发出对于工业的需要，从农民消费发出对于工业的需要，同时借助合作组织的基础，工业建设则自然而起。

（三）工业化问题

关于工业化问题以及工业与农业的关系，工业化的道路一般分两条：一是统筹全局而实行工业建设；二是追求利润而工业自然发达。梁漱溟认为，因为工业本身的性质特点决定了它更适合侧重走统筹建设的道路。"在全国乡村运动大联合，从社会而稳定了政局，普遍推行合作后，则此一大社会各方面关系渐就调整，整个社会意识渐明，它却自毁发生统筹的渴求，而以各种系统渐立（乡村运动系统，政府行政系统，合作组织系统），亦不难实行筹划。""我深信总干事要从乡村运动才得统筹工业建设"，但梁漱溟感到有一个困难：因为众所周知，工业化的高度文明是经过残忍竞争中的"大牺牲"而来，"简直都是血换来的"；而乡村运动是以多数人为重的，"结果怕是受多数人之累"，"盖既不使其有自相斫杀的残忍竞争，又没有将大权力量都提到上面来，则多数乡下人真或可以累赘着工业化的进行。"如何克服这一困难呢？根本一着，就是提高社会的明智力，或说社会的脑力，具体的办法那就是乡村组织的推动设计机关——乡农学校了。这种文化教育就是"要造成社会向上求进步的气势。集中有学问知识的人才，开出多数人接受少数高明人领导的路子。简言之，就是提高教育在社会中的地位，而加强其机构力量。这是一个根本，从这个根本才可以生出一些方法来"。

（四）总结

中国的经济问题主要存在于：一是土地问题，梁漱溟认为解决土地问题不是不急，而是"够上负责来解决这问题的政府还没有……他只是想怎样建立那确能负责解决中国土地问题的政权"。也就是说，在梁漱溟看来，土地问题其实最终在根本上还是一个政治问题，政治问题解决了，解决土地问题的条件也就自然出现了。而正如前文所提到的，在梁漱溟看来，中国的政治问题实质也是源于社会问题，而要解决社会问题，那就必然是从乡村入手，搞乡村建设，复兴文化，重建社会基础和根基。二是国际问题，国际市场的倾销、关税壁垒和帝国主义的特权问题，对于工商业发展的限制和压迫等问题，是中国经济问题的根源之一。在梁漱溟看来，"中国不应当在如何摧敌处着想，而应当在如何让敌人不容易毁灭我们处着想，乃至在我们被毁后如何容易恢复上着想。尤其要紧的是在调整内部关系以树立应付环境的根本，但所有这些功夫将怎么作呢？那就是当下讲的乡村建设！乡村建设是我们在国际大战前最好的准备功夫！"

总之，在梁漱溟看来，要解决大到中国社会的政治问题和经济问题，小到如政治权力归属问题，农业生产方式问题，农民生活问题，土地分配问题，工业化道路问题等，最终这些问题都归宗于重建中国社会的根基——乡村。调和中西文化，在吸取西方的团队合作与科学技术的同时，在乡村复兴中国传统的儒家伦理生活，调整社会内部关系，重建乡村社会结构，复兴社会文化，这些最终都指向了梁漱溟的乡村建设理论和运动实践。因此，无论在理论逻辑上，在符合中国人精神特点和情怀上，还是在时代现实面前，乡村建设都成为了梁漱溟解决中国内忧外患情况下生存与发展的最佳选择和答案，成为中国顺利渡过难关，成为实现现代化转型必然的最正确最合理合情的道路。

第四节　理想社会之构划

一、理想社会的特点

梁漱溟认为中国文化的根本，在于乡村（包括农业）和理性两点，"我们现在就是要发挥理性组织乡村；以组织的力量运用科学技术，来解决生活上之一切问题，那便是以团体组织和科学技术这两样新材料来培养来发展那造端已得其正而尚待引申发展的端倪了"。乡村组织生长和开展，能够为所有新经济制度、新政治制度、新教育制度的成长和建立创造了优势和条件，这是社会改造的成功之道，是新社会生长和发展依赖于乡村建设，依赖于乡村组织的生长和发展。新社会与旧社会的根本不同就是新社会是"转消极为积极"；若与西方近代社会比较的话，新社会"仿佛矫正了西方近代以来偏倚形态的人类文明，而成为正常形态的人类文明"。

新社会的特点有：①新社会是先农后工，农业工业结合为均宜的发展。②新社会是乡村为本，都市为末，乡村与都市不相矛盾，而相沟通、相调和。③新社会以人为主体，是人支配物而非物支配人。④新社会是伦理本位合作组织而不落于个人本位或社会本位的两极端。⑤新社会内政治、经济、教育（或教化）三者是合一而不相离的。⑥新社会秩序的维持，是由理性替代武力的，而这种理性是不同于西方的理智的，是一种有情的理性，"我们所谓理性还不仅在自觉和相互了解上，更在人生向上的自励和互相敦勉"。以理性替代武力，其实是指以教育（或教化）替代武力。这种教育最好是复兴古代的礼乐教化为好。

梁漱溟的理想社会，"将来阶级要消除，民族之争也跟着要消歇，就没有可以资藉的机械力量。此时团体生活的维系，并且要他发育得很好，那就非充分发挥人类的理性不可。当然也唯有从理性而组成的而发育的社会，才是正常形态的人类文明"。新社会的要点在于发达的团体生活，而团体生活的发达必要靠人类的理性。"一体之情"得抒发，无私义理，个性与创造力的发挥，体现出教育的重要性。

二、人类社会建设应有的原则

人类社会的建设要合乎宇宙生命、自然、人类心理的要求，"其最强的要求是宇宙大生命活泼的最高点"。而既然要让社会符合人类的本性和自然合理的要求，那就要"认识人类，认识人类生命的特殊（理性）"，要了解人类心理的要求。这也就是梁漱溟写作《人心与人生》的目的了。

人类生命的特殊性，即人类有理智。因为人类生命本质上的特殊性，所以，人类社会建设要遵循以下四个原则：一是要建设能代表人类一体之情的社会；二是要建设符合义与理的社会；三是社会要尊重人的个性，鼓进其创造，允许个人以自由；四是以教育建设社会。

应该说，梁漱溟对于乡村建设问题讨论的视野恢宏，远不是头痛医头、脚痛医脚式的应用性对策视野所能比拟的。正是他，把中国乡村建设问题的考虑，置于一个更为宏大的，涉及如何看待人类文明发展，如何看待人生、人性及生命意义这样的大背景下，这样一来，对梁漱溟乡村建设理论的理解与探讨也就涉及它的文化哲学基础。

第五章　乡村建设的实践

　　梁漱溟不是一个沉于书斋的学者、思想家，而是一个难得的实践者，一生都在为自己的理论和主张的伸张而实验，而实践。他是一个特别注重实践的知识分子，研究问题的目的"归结在行动"。他一生最大的实践是在邹平进行的，在这里，他进行教育改革，进行乡村建设实验，还做了一些政治斡旋。当时他的乡村建设实践被称之为"邹平模式"，为其他一些乡村建设团体和实验区（县）所采纳。此外，他还参与了广东、河南的乡治、村治活动。

第一节　乡村组织机构的建立

　　山东的乡村建设实验是从创办乡村建设研究院开始并以其为中心进行的。1931 年 3 月，国民党山东省政府在济南设立筹备处，直隶于山东省政府。因邹平县位置、交通、经济、文化等情况均符合院组织大纲的要求，于是被划为乡村建设实验区。根据梁漱溟的设计，山东乡村建设研究院主要目的在于通过"以'人'为本"的合作方式的乡村经济建设，"培起乡村力量，更无其他"。研究院下设乡村建设研究部、乡村服务人员训练部和乡村建设实验区，其他附属于研究院的机构还有农场、医院、图书馆、社会调查部和邹平师范学院。

研究部的学员一般要求有相当文化水平，但对于那些对乡村问题有一定心得和兴趣的人可以不受此限。研究部学制两年，每次招收四五十人，主要招收对象是山东本省人，不收取任何费用，外籍学生可以参加，但费用需自理。学员在研究部主任和导师的指导下，个别钻研或集体讨论，将理论和实践相结合，先做乡村建设根本理论、社会进化史、党义等课程的基本研究和农村改良、农村经济、产业合作、乡村自治、乡村教育、乡村自卫等课程的专项研究。

乡村服务人员训练部设立的主要目的是就地取材，培养乡村工作人员，因此招收学员要求多为本地初中文化水平的青年，且必须世代乡居，本人仍住乡村且并未失去乡村生活习惯者，并分区就地进行考试，每届受训一年。训练部的课程主要分为阐扬孙中山遗训，发挥乡村建设的基本理论，如三民主义、建国大纲等；精神陶炼课，鼓舞乡村服务人员的志趣和精神；乡村自卫方面的知识技能；乡村经济方面的知识技能，如农村经济、农业常识和技术、农产制造、社会调查和统计、信用生产消费、水利造林、合作问题等；乡村社会政治方面的知识技能，如乡村自治组织、政治学、法律、公安、风俗改良、公共卫生、乡村教育等课程。由于课程较多，时间有限，所以每届课程设置依据实际情况前后有所增减不同，但大致不超出上述范围。学生四十余名为一班，每班设班主任和助教一名，以班主任为中心，"与学生同起同居共饮食"，"以时常聚处为原则"，全面负责学生的身心教育，包括精神陶炼、学识培养、体育锻炼等。学生每天都要记日记，成立自治团，自行处理教务、庶务、卫生清洁等事项，大家吃同样的饭食，穿一样的衣服。为了合乎农家生活习惯，训练部没有星期例假和一切节假日，作息时间紧凑而有序，不只包括讲课读书，还包括野外操练、巡回讲演和野外调查等。训练部学生毕业后大都回本县从事乡村建设工作，担任教育辅导员和乡农学校工作人员。研究院1932年10月成立了乡村服务人员指导处，定期对他们进行巡回指导，解决出现的问题。

山东乡村建设另一个非常重要的机构就是乡农学校。1931 年 11 月初，研究院研究部、训练部师生 300 余人，在邹平县农村试办乡农学校 91 处，入学学生 3996 人。乡农学校按 200~500 户自然村设立，"化社会为学校""社会学校化"，主要组织农民学文化，启发农民自觉性，实施农业改进措施，开展合作运动，改良乡村社会。梁漱溟认为，乡农学校实际上是一个组织，借助于乡农学校，可以完成以下的任务：第一，保持了伦理情谊和人生向上的中国民族精神；第二，可以克服中国社会一盘散沙的局面，将农民组织起来，认识到自己的处境，团结起来解决共同面临的困难，激发农民的自觉性和合作精神；第三，在自治的基础上催生民主精神；第四，通过教员传播先进的科学知识，把科学精神带到农村，实现经济上的增产和社会化。

乡农学校以研究院和县政府为指导机关，为上课方便在时间上有白日组合、夜间组合，有全日制、半日制、钟点制。乡农学校分为两类：

一类是乡农学校普通部，又叫乡农夜校，共有 75 处，设在各村，不管是六七十岁的老人，还是三四十岁的中年人，或者十几岁的少年儿童，都可以自由参加。每个乡农学校普通部都设有校董会，由校董会聘请校长，校长"居众人之上"，起"监督众人，调和众人"的作用。教员 1~2 人，初办时由训练部学生充当，后来由村立小学教员担任。每年冬春农闲时开学，课程有识字、精神陶炼、时事、农业知识、唱歌、武术等。

一类是设在各乡的乡农学校高级部，共计 16 处。针对对象主要是受过四五年教育以上的农村男青年，在冬春农闲时开学，学制为三个月，主要课程除了与普通部相同的之外，另加乡建理论和自卫训练，目的是把学生培养成为乡村建设事业服务的人才。乡农学校使用的教材都是由山东乡村建设研究院教材编辑委员会编写的，主要包括《中华民族故事》《农民国语课本》《农村问题教材》《孔子》《家庭须知》等，既与老百姓息息相关，又针对农民特点，浅显易懂，便于推广。

乡农学校有《学众须知》，要求学众必须"以团体为重""尊重多数，顾全少数""为团体服务""要尊敬学长，要接受学长的训饬""信任理事""爱惜理事"等。《学董须知》大意是推举校长聘任教员，筹划经费，拟订学校工作计划，倡导改良事项及建设事项，执行县政府令饬办的事项、校长提议事项等。《教员辅导员须知》规定教员是所谓"大团体""大系统"的代表，要担起推动乡农学校的责任，以新知识、新教育方法教育学众，不仅仅是教书，还要经常和他们接触，注重以实际行动和实践教育学众。

乡农学校推行"乡约"制度。按照梁漱溟的说法，"乡约"制度"要防患于未然"，通过"乡与乡的联络而渐及于县与县、省与省的联络，普遍的去联络，相往来，通消息"。他认为"一人不好，连累一家；一家不好，连累一村"。乡约规定，对于"不良分子"要"共同监视他，不准他与外面来往勾结，这便除去了土匪的引线"。

1932 年 12 月，国民党召开全国第二次内政会议，通过了县政改革案，决定各省建立县政建设研究院和实验区，可截留地方收入的 50% 做实验经费。邹平的乡农学校遂被乡学、村学代替，与此同时，梁漱溟的乡村建设进入了另一个阶段。

1933 年 7 月至 1937 年 10 月是梁漱溟邹平实验县乡建工作的推广深化阶段。1933 年 7 月，邹平县县政改革实验、地方自治实验、社会改革实验都可以全面推行，邹平的乡村建设运动进入了一个新时期和新阶段。1935 年，邹平实验模式扩大到全省。

第二节　教育改革的开展

旧时代的中国，由于经济生产力和思想观念的落后，乡村教育一直缺乏重视和发展。直至民国，从严格意义上讲，中国并没有真正的乡村教育。教育学专家傅葆琛在《乡村教育纲要》中认为："废除科举改设学校之时，无人知乡村教育应当特别研究。乡村教育最初的呼声，始于民国五四运动。"随着民主思想的传播和民国初年推行义务教育的失败，人们逐步认识到对广大民众包括农民进行教育的重要意义，全国教育界开始行动起来。

1926 年前后开始逐渐形成一股大规模的乡村教育运动，"下乡去"成为教育者的工作口号。一些从事职业教育、平民教育的教育家和教育团体，也开始将办学重点从城市向农村转移。经过长时间的实践，人们逐渐认识到要救济乡村、复兴乡村，仅靠乡村教育还不够，还必须进行乡村建设。如民国乡村建设代表人物、著名教育者晏阳初就指出："在农村办教育，固然是很重要的，可是破产的农村，非同时谋整个的建设不可。"

梁漱溟的乡村建设活动基本上是通过乡村建设实施的。但是，在最初的乡村建设方案中，梁漱溟本无此意。他曾经说过："我们的乡村建设原本不是从教育工作转变来的，其来历为乡村自治运动、乡村自卫运动、农民运动等之扩充变化。我们的同志原都不是教育家，或夙有志于教育者。"1929 年，梁漱溟在考察中华职业教育社和中华平民教育促进会时，对他们通过教育来改造乡村的做法颇不以为然，明确表示了反对和轻视的态度，甚至将教育定位于"枉用心力"的"天生赔钱货"，认为彼时中国问题的根本解决不在于教育，主张"从一种社会事业，可得解决"，无疑这种"社会事业"就是乡村建设。但随着乡村建设运动的实践，梁漱溟彻底地改变了对教育之于乡村建设的看法。他认为由于中国现实问题的存在，使热心于教育者和热心于乡村建设者在寻求自身建设的发展时，不期然地殊途同归，从而使乡村建设和教育辗转相连，叠为一事。"办教育者除非不想真正的办教育，如果想如此，非归到乡村建设不可；从事于乡村建设工作者，除非不欲其工作之切实，亦非走教育的路子不为功。"最后他断定：乡村建设也就是民众教育。此后，梁漱溟根据自己的切身经验和周密思考，相继写出了《社会本位的教育系统草案》《民众教育何以能救中国?》《社会教育与乡村建设之合流》《中国今日需要哪一种教育?》等多篇文章，阐述乡村建设和教育的关系，陈述了自己对如何办好乡村教育的看法，并以此为基础，将自己的看法付诸山东乡村建设的实践，且取得了良好的效果。

一、改进学校教育，普及社会教育

在进行乡村建设的实践中，梁漱溟指出，各级学校"得随宜运用学校教育、社会教育各种方式，而无分所谓社会教育、学校教育"，"在方式上兼用社会教育及学校教育两方式"，乡农学校和后来的乡学、村学就是梁漱溟关于普及社会教育理念的实践贯彻。

梁漱溟所主张的社会教育有双重含义。首先，与学校教育相对应，社会教育是一种教育方式和手段。他认为只有将教育着眼于全社会，通过广泛深入的社会教育，改造旧的社会组织，使大多数中国人接受社会发展的新趋势，培养他们适应新社会的能力，培养其适应新社会的风俗习惯，才能真正发挥教育的作用，完成教育的目标。梁漱溟所创办的乡农学校和其后的乡学、村学，就是他这种教育理念的实践。乡农学校与普通学校不同，课程不只包括乡建理论、儒家思想道德修养等，还包括农业科学知识、养殖、植物栽培等。除此之外，他们还开办了乡农夜校，内容包括教他们读书认字、精神陶炼、时事、军事、唱歌、武术等。在学习之余，提倡男人打拳，女人放足，组织郊游、野外写生，以强国强种，激发学生的爱国热情；培养学生的集体生活习惯和自治能力，设立妇女讲习会和女子部，提倡男女平等、讲习家事和幼儿教育。

其次，教育对象的扩大，即以社会为本位的教育。梁漱溟对乡农学校的定位就是改造社会、创造新理想、建立新社会的萌芽组织。1931 年 11 月，研究院派训练部主任及各班主任带领学生，赴实验县区创办学校，推进社会教育，以求"以学校指导农民生活"，课程主要包括乡建理论、儒家思想道德修养、农业科学知识、养殖等。除正规的乡农学校和以后的乡学、村学以外，梁漱溟领导的乡村建设研究院还开办了乡农夜校，对象为全村男女老幼，内容就是教他们读书认字、精神陶炼、时事、军事、唱歌、武术等。他们实行男女合校合班，改革教材和教学方法，所有的教师人手一册陶行知所著的《大庙敲钟录》，实行"教学做合一"。教师在教中学，学生在学中做，教师再在做中教，对学生启发诱导，充分调动学众的积极性和能动性，利用学生教大众，利用大众教大众，既解决了师资缺乏的困难，又在全县范围内创造出一种全民向学、全民乐学的氛围。1933 年以后，乡农学校逐渐由乡学、村学取代，但办学对象仍然是相应区域的农民、妇女、儿童，课程仍然因地制宜，包括文化知识和职业训练，将教育扩大到整个社会，提高了全县人民的文化水平。

梁漱溟主张的社会教育的另一个重要特点是注重老师和学生的关系，希望形成一种亦师亦友、共同进步的师生关系，并最终潜移默化地倡行于整个社会，改造整个社会大环境。梁漱溟曾说自己办教育的动机是在自己求友，与青年为友，"所谓与青年为友，含有两层意思，一是帮着他走路，二是此所走之路不单是指知识技能，而是指学生的整个人生道路"。梁漱溟认为，"一个学校亦即是一伙人彼此亲近扶持着走路的团体，故尔我们办学实是有感于亲师取友的必要，而想聚拢一班朋友同处共学，不独造就学生，还要自己造就自己"。因此，不止是追随梁漱溟进行山东乡村建设实践的老师和干部，包括后来学校招收的大部分学生，与梁漱溟与其他老师之间在几年的共处时间内既是师生关系又是朋友关系，心甘情愿追随他的思想和主张，最终形成虽不正式但却极为牢固的乡建派团体。

二、延长教育时间，主张终身教育

梁漱溟认为，儿童本身在学习上有着理解力和接受力有限等不可克服的缺陷，随着时代的发展、社会的进步，生活、生产的日益繁复，尤其彼时的中国正面临着前所未有的危机和变局，人需要学习的东西，绝不可能是仅凭童年、青少年时期的学校教育即可满足的。因此必须将"教育延及成年之趋势"，"时时不断以学之不可"。

与上述理念相一致，并且鉴于中华民族文化的特殊性和民族革命的特殊性，梁漱溟乡村建设教育思想就是主要以成年农民为教育对象，推行终身教育理念。其要点正如梁培恕在《我生有涯愿无尽》文章中说：在于"纳社会运动于教育之中，以教育解决社会问题"。它不仅仅是面对儿童和少年，而是"应着重成人教育，应以全力办民众教育，办理社会教育"。而成人教育主要是农业教育，并以教育民众化和环境特殊化即使受教育者置于其地而教育的方式为载体，教以农业改良、乡村自治与自卫等内容。在课程教材中，随处可见激励农民坚持学好求进步的歌谣，如"活到老，学到老，一样不学拙到老"。在对农民进行农业教育时，通过成立多种职业补习班和讲习班，采用实地操作和讲解结合的方法，进行生活教育、改良农业、妇女育儿等。除此之外，他们还引导农民成立了棉花运销合作社、禁赌会等各种组织，对成年农民进行现代经济合作精神的培养和陈规陋俗的革除教育。在邹平被划为山东县政建设第一实验县以后，研究院和县政府即把整顿社会治安、建立健全乡村自卫组织作为乡建的重要内容之一，邹平的自卫训练也是以实施成人教育为主旨。他们以成年农民为主体，征调训练，对其进行各方面教育和训练，促进其知识进步，以便使其日益成为组织农民、动员农民的骨干和推进乡村各项建设事业的带头人。

由此可见，在梁漱溟所设计的乡村教育方案中，成年农民是教育的重要对象和主要目标。1935 年前后，山东乡村建设研究院先后颁布了《邹平实验县青年义务教育实施大纲》《邹平实验县成年教育实施办法》，在全县范围内进行义务教育和成人教育，有步骤、有计划地对青年进行军事、精神陶冶等义务训练，并着重进行以启发民族意识、培养组织能力、增进生活常识、陶炼服务精神为宗旨的成年教育。

三、培养道德自觉，推行情谊教育

梁漱溟曾说："乡学村学意在组织乡村，却不想以硬性的法令规定其组织间的分际关系，而想养成一种新礼俗，形著其组织关系于柔性的习惯之上。"
在梁漱溟看来，由于中国社会是一个"伦理本位，职业分立"的社会，中华
民族是一个注重情谊交往的民族，因此救济乡村要靠农民自觉，要通过情谊教
育，唤起他们的生机和力量，唤起他们的自觉性，培养起他们的团结合作
精神。

梁漱溟指出，"情谊相通，必彼此互以对方为重；惟有情谊才可促进人类
的好生活"，而情谊教育要遵循"礼"的路子，凡事大家经过切磋陶炼商讨着
来解决，才能有一个合用的法子。梁漱溟说："我们《村学乡学须知》中的各
种须知都是礼，学众、学长、学童等各尽其所应尽的职责即为礼，全盘组织即
是礼，而行的时候，全靠礼貌、礼仪之礼。"简单来说，梁漱溟所主张在乡村
建设中推行的礼，就是儒家之礼，是礼乐之礼，主张凡事以情动人，以理服
人，以礼喻人，以礼化人，激发出每个人的生命力和道德自觉性，而不可以势
迫人，以外力逼人。如果学众不遵守或有违反，除了依靠他自身的觉醒、道德
上的谴责和舆论上的声讨以外，并没有法律的最后裁决权和武力的强制执行
权。而情谊教育，正是为了唤醒这种自身的觉醒、道德的约束和舆论的一致。

在梁漱溟的乡村建设教育系统中，学长、学董、学众都是情谊教育的承担
者。学众作为乡学村学中的一分子，要知道以团体为重，尊重多数意见，凡是
众意所归，就应该顺从众意，但更需顾全少数，彼此迁就，以求团体内一团和
气。但学众更重要的是要无条件地尊重学长，接受学长的训饬，"凡学长对村
中众人或哪一个人有训斥教戒的话，众人或哪一人皆应接受"。对于学长而
言，他作为一村或一乡之中齿德并茂、深孚众望之人，是一村或一乡的师长，
代表情理之所在，负责推行教育、调解邻里纠纷、以情理来评判是非，"准情
夺理，以情义为主，不囿于法律条文"。在《学长须知》里，梁漱溟要求学长
"应知身为一村师长，处处要为人众做表率。要谦恭，要谨慎，要公平办事，
要宽厚待人，最不要与人争闲气"，"不许学长与众人不和"，如果理事措置失
当，不能当着学众指责他，而应该"背地忠告他、调护他"，"不要众人与他

发生正面冲突"，以达到"调和一乡之众"的目的。而对于作为乡村领袖的学董，也要率先接受学长的规诫，礼待教员，"如看出谁对谁有意见，必设法化除"，讨论事情"最好将各方意见调和接近，算是全体同意的样子"。

另外，梁漱溟所提倡的教育既注重学生的知识教育，又注重学生的道德教育。不论研究部、训练部的学生还是乡学村学的学生，都决不放松道德教育。要求教师通过每天记日记、个别谈话、朝话、讲课等方式，提高学生的道德水平，灌输给他们传统优秀的儒家道德观点，打造一种新型的师生关系，最终化社会为学校，希望在乡村建设的框架内，以情理德教来代替法律手段或把法律问题放在道德教化的范畴之内，恢复中国传统的情谊人生，复活传统儒士的温良恭俭让，重塑一个伦理情谊的中国乡村和社会。

四、教育与政治、建设合一

梁漱溟认为，在彼时的中国是顶需要教育的时候，但这个时候的教育，不是传统中那种以读书识字为主要目标、以学校私塾为界、两耳不闻窗外事一心只读圣贤书的教育，而必须是政治、建设、教育合一。唯有如此，才能"期于一村之生活，逐渐改善，文化逐渐增高，并以协进大社会之进步"。

梁漱溟希望通过乡农学校直至县学、省学、国学这种社会教育机构废除官僚主义政府，通过学校这种组织形式以及作为教师而与农民相联系的乡建干部，将政府机构与农民相联系，实现"政府学校化"和"社会学校化"，也就是真正的政治与教育合一，"其内容就是，办社会教育的机关，借政府力量施行他的社会教育；政府则借社会教育功夫，推行他的政令。或将下级行政机关，合并于社会教育机关；或就下级地方组织，而设教育机关；或以教育机关，而兼负下级行政的任务"。他希望通过这种方式，发动广大民众要求民主和参与政治的热情，如美国学者艾恺在《最后的儒家——梁漱溟与中国现代化的两难》著作中说："通过村一级的参与民主，政治的力量将发自地方有组织的民众，上达于国家；而不再是发自上层庞大的官僚机构所发布的官方命令。"

为什么要把行政的事情用教育的功夫来办？梁漱溟认为，如果把公务就当做公务来办，不免要用强制的行政命令，没有商量的余地，没有多少话说，因此就形成了死板的方法，没有了生机活力，滋生出政府的种种弊端，最终不免沦为破坏乡村的结局。所以，梁漱溟欲借乡学村学来组织乡村，用教育功夫来启发乡民的向上进取心，引导乡村自力，欲靠乡村农民自己的力量来改进社会。比如革除乡村的陋风弊俗，整治乡间的不良分子，都必须依照中国办法，以情义相感，以教化相改，从情谊出发，勉励其向上求好，从爱惜的意思出发，使其自觉自动禁绝才行。以此为手段，日积月累，潜移默化，循序渐进，既改造了乡村农民个体本身，也逐渐达到建立新社会新秩序的目的。当然，有一点不能抹杀，即梁漱溟采用政教合一的方式的主要目的还在于避免社会革命，避免其所谓的中国共产党"破坏乡村"运动。他认为"教育之在社会，其功用为绵续文化而求其进步；使教育果得其功，则社会宜无革命"。

1931 年，在梁漱溟乡村建设开展之初，即有取消一切行政机构而代之以乡农学校，使"社会学校化，学校社会化"的动议达成现实的原意，惜当时政治条件所限没有实现。一直到 1933 年，国民党中央通过县政实验改革方案，山东省随之划邹平为山东县政建设第一实验县，邹平才真正开始取消区、乡、镇等县以下各级行政机构，而代之以乡学、村学制度，以教育的设施促成地方基层自治体，以教育力量来代替行政力量，以教育性之社会组织代替下级行政组织。

除此之外，梁漱溟主张教育不能脱离民众实际，而是用教育促进乡村经济发展，用教育推进整个乡村建设，"表面上是经济建设为主，骨子里无在不是社会教育功夫。建设、教育二者，不能分开"。山东乡村建设研究院除开展了大范围文化识字运动外，各乡学、村学依据自身地理条件，因地制宜，还开展了轰轰烈烈的生产建设运动，推行了各项改良措施，通过具体的业务手段把乡建理论的最高目标化为具体的教育形式，最终"引导全县民众均能憬然于个人责任之重大"并将个体的乡民"集合而成为村为乡为县建设一个有秩有序活力充实的自治体系,以为省自治之基础,而挽救民族国家之颓运"。

以上即是梁漱溟在乡村建设中所采取的教育方法,在他看来,乡村建设必须以社会教育和民众教育为基础和手段,否则一切都将是无水之源、无土之木。他的乡村建设实践就是时刻以这种理念为指导和基础的,这一点也是梁漱溟矢志不渝并引以为傲的。他曾这样总结他在山东的乡村建设工作:"今日吾人从事乡村建设工作所办事业,如领导民众造林、养鱼、改良农村等,皆为新事业,而非民间所固有者,亦皆属民众教育之功课。再如民间固有之陋旧积习,如缠足、吃鸦片烟等,亦为吾人所亟宜设法改革者","吾人今日所从事之工作,从目的说,为乡村建设,从方法说系民众教育"。

第三节 农业改革的推广

梁漱溟在《山东乡村建设研究院设立旨趣及办法概要》中曾写道:"所谓乡村经济的建设,便是前所说之促兴农业。此处所说农业并概括有林业、蚕业、茶业、畜牧、养鱼、养蜂、各项农产制造等,——一切乡村间生产事业皆在内。"由此可见梁漱溟对农业对农业振兴的重视。前面述说其乡建思想时已经指出,他主张"促兴农业以引发工业"是乡村建设的重要任务,认为由于中西社会的不同,"天然逼迫我们非从农业引发工业不可"。

在山东乡村建设研究院成立之初,就同时开办了农场。农场是梁漱溟把西方的科学技术引入中国的执行机构,设田艺、园艺、畜牧、养蚕、兽医等研究机构,并附有分场、林场供实验用,面积大约20余亩,呈南北长东西窄的长方形。场东有地7亩,是农场菜地,场西有地8亩,是棉花实验田,场北有地7亩,是果树苗圃。初时农场场长是于鲁溪,下有技术指导员2人,事务员1

人，规模比较小，随着时间的推移和各项事业的开展，到 1936 年农场规模已经有了很大发展，已有场舍 20 亩，园艺及各种作物育种场 40 亩，东范庄棉麦育种场 100 亩，孟家坊、蔡家庄两处棉种繁殖场共 280 多亩，黄山养鸡场 10 多亩，唐李庵养蜂场 17 群蜂，济南辛庄合作农场 680 亩，并于 1935 年在东关设科学酱油厂，用科学新法酿造酱油，5 天就能酿造 300 瓶，极大地改善了农民日常生活。农场依据邹平的实际情况，成立农事试验场，试验推广各种新技术、新品种。应该说，当时农场的一系列活动是积极的、有效果的，确实在很大程度上直接改善了当地农民的生活，至今仍让当地村民津津乐道。

除了以农场为主体进行的一系列农业改良活动之外，梁漱溟还触及到了农民最关心的土地问题。"常有人怪我们不大爱谈土地问题，土地问题怎么谈呢？问题哪个不承认？要紧的在有办法，办法亦不难想，要紧的是谁来实行？"他在《中国文化要义》中已经谈到彼时中国的土地问题。与后来中国共产党的认识恰恰相反，梁漱溟认为中国"土地垄断之情形不著，一般估计，有土地的人颇占多数"，指出若以有地者和无地者相较，当不只要 11 对 49 之比，而要多得多。

后来在 20 世纪 30 年代对邹平土地问题和农民问题进行分析时，梁漱溟同样认为邹平的土地分配额与全国其他地方一样"颇为合理"。由此结论出发，梁漱溟认为解决中国土地问题最重要和有效的方法不是共产党所提倡的平均地权，而是借由强有力的政治统治力量对土地进行些许调整。他认为中国土地问题包括三个问题，即耕地不足、土地使用不经济、土地分配不均。他希望土地归公，然后借此消灭土地不均问题。但与共产党的做法大相径庭的是，他不主张采用革命的方式、斗争的手段解决，梁漱溟主张通过政府立法以遏制土地兼并，迫使地主将土地合理买卖，同时建立完整的农业金融系统，通过金融机构给农民提供贷款，帮助农民通过购买而合法拥有自己的土地，从而达到"土地利用的合理化，农业经营的合理化"。

梁漱溟认为，土地的公有或私有，不是单讲道理就可以决定其如何的，也不是说一句话该办就能办得了的，一种制度的存废不是人为决定的，而要看其有没有继续存在的社会条件。他认为，土地私有在中国还是有一定的社会基础的，不是短时间就可以废除的，所以土地的公有化不是近期能做的工作，土地不均更不是首要的阻碍农业进步而急需解决的问题，目前最需要的是促进农村土地的合理利用和农村科学技术的提高。他提出了耕者有其田和土地的合理利用的目标，提出"消灭凭借土地所有权来进行剥削的地主"的目标，但是认为其应该随着科学技术的进步，能有一种比苏联共产党更好的、和平的甚至是自然而然的方式，使土地公有化。

1932年邹平实验县成立之初，鉴于原土地管理混乱，多地少报、不报或错报，土地纠纷频发、偷税漏税现象十分严重，既不利于农村社会稳定，也不利于县政府财政收入，研究院遂在邹平进行了一次土地陈报。县政府组织大量人力，先由农户自报土地和宅基地，然后由村办公室统一实地丈量，经过公议，绘制成图，初步"厘定科则"，按土地贫瘠程度划分上、中、下三等，逐级汇报到县，依土地等级上交田赋。这整个工作大概进行了三年左右时间，最后全县绘图成册，每户发了土地陈报证，查清了各地许多因土地买卖造成的逃避关税的无粮黑地。经过这次土地陈报，全县田赋银两由土地陈报前的36000两增加到了70000多两，极大增加了县政府田赋税收。1934年，研究院迫于形势，曾打算将美棉运销合作社改为棉农土地合作，并期望以这种合作为基础来统一社内一切工作，最终化私产为公产，以此作为土地改革的和平方式，但因日本侵略者日益逼近，研究院和梁漱溟怕激化农民之间的矛盾遂搁置，土地陈报工作最后终于不了了之。1935年中华书局刊印了《邹平户口调查的分析统计》一书，对这种以合作为基础最后化私有土地为公有土地的设想进行了初步笼统的涉及，但是却并没有拿出具体切实的措施。1936年研究院解散后，这种想象中的和平土地改革计划自然也随之化为泡影。

时过境迁，虽然随着时代大发展，结果已经雄辩地给梁漱溟彼时的土地政策主张一声响亮的回答，但客观来说，梁漱溟解决土地问题的思路是不乏真知灼见且有一定合理性的。现阶段，随着我国经济建设的进步，农村土地使用极为不经济，投入产出效益与西方发达国际相比仍然存在一定差距，如何最大限度地保障农民的土地利益，如何最大限度地保障我国耕地安全和粮食安全，如何完善现有统分结合的双层经营体制，重温梁漱溟彼时关于农民土地政策的主张，无疑对于今天土地问题的解决有一定的借鉴作用。

第四节　经济改革的深化

从宏观成绩上来看，梁漱溟乡村建设运动中，最有成效的成果无疑表现在经济改革方面。这与梁漱溟对经济的重视、民众对经济改革的热情参与有着密切关系。梁漱溟认为，要进行乡村建设工作，"按照天然的顺序，则经济为先，必经济上进展一步，而后才有政治改进教育改进的需要，亦才有作政治改进教育改进的可能"。而经济上的建设则主要是促兴农业，促兴农业则必从组织合作和金融流通两方面入手。

一、合作社建设

邹平的经济合作事业，开始于研究院农场推广棉种、提倡造林、指导养蚕等事项。从 1933 年梁邹美棉运销合作社成立开始。1935 年 7 月，为了集中力量指导推进合作事业，邹平成立了县合作事业指导委员会，负责统一指导全县各种合作事业。到 1936 年底，邹平的合作事业计有棉花运销、蚕业产销、林业生产、信用庄仓、购买、机织 6 种类型，社数总计 307 所，社员 8828 人，股金 12422.93 元。其中棉运社 156 所，社员 2632 户，股金 3826 元；蚕业产销社 21 所，社员 167 户，股金 174 元；林业生产社 32 所，社员 944 户，股金 957 元；信用社 48 所，社员 1059 户，股金 4792 元；信用庄仓社 58 所，社员

2914 户，股金 4481 元；购买社 1 所，社员 76 人，股金 84 元。到 1938 年，已经有了几百个合作社，从事养蚕、编织、林业、植棉、信贷等项目。并且除了林业合作社以外，其余的合作社都向社员提供贷款以满足他们改进生产和避免高利贷贷款的需要。6 种合作社中，以棉花运销、蚕业产销和林业生产合作社成立最早，信用和信用庄仓成立次之，购买合作社成立最晚。此种先农业继金融后消费的顺序，打破了当时中国普遍以信用合作为创始的顺序成例，代表着梁漱溟和乡村建设研究院建立农村新经济秩序的全面尝试，构成了邹平合作事业的一大特点。下面将各种合作社的情况介绍如下。

（一）梁邹美棉运销合作社

美国学者艾恺在《最后的儒家——梁漱溟与中国现代化的两难》书中认为，邹平县最显著也是最成功的工作是梁邹美棉运销合作社。

邹平县境北狭南广，气候温和，雨量适中，光照充足，无霜期长，南部多山，地质低洼，土质多黑土，尤其第六区孙镇一带土质微沙，土质适合种棉。从 1932 年初春开始，研究院每年都进行脱字美棉的种植栽培和品种对比试验，主要进行单本试验、株行试验、二行试验、五行试验，以作研究示范，并供训练部学生实习研究，选出好品种，以供大范围推广。1932 年，研究院在霍家坡乡农学校讨论修订了《梁邹美棉合作社简章》，成立"梁邹美棉运销合作总社"。总社成立后，各村合作社一律为其分社。总社主要负责收购、贷款、评级、打包、销售、分配及选种等事务，即先由总社划定收花区域，收购各村分社子花或花衣，将所收籽棉去籽打包，将加工包装好的棉花统一运往济南等地，投入市场，销售后再按值发钱。分社则在村学和教育的基础上由公选出的社长和干事负责管理全社播种、轧花、收存、运送等事务，具体指导社员播种和种植。除此之外，合作社以实现经济生活的社会化为目的，期望以此建立"共营、共享、共有的社会资本及经济制度"，规定合作社盈余除提付年息 6 厘股金以外，20% 为公积金，10% 为职员酬劳，70% 按社员运销额退还。他们还采取把合作经营所得财产逐步积累的方法，逐步提高公积金比率，增加集体财产。

1932 年，邹平全县棉花合作分社还只有 15 个，总人数仅 219 人，面积共计 667 亩，棉种数量仅 4788 斤；而到 1935 年，邹平全县所有能种植棉花的乡村基本上都改种了纯种托里斯美棉，种棉户一亩地棉花收入是种粮的两到三倍。贷款业务量也有极大扩大，1932 年放款数额为 3583 元，1933 年为 24128 元，1934 年为 130577 元，1935 年贷款有所减少，为 93017 元。短短四年无论棉田还是棉种都出现了极大增加。仅 1935 年 3 月底，就先后售出棉种 36 万余斤。1935 年 4 月 1 日的《民国日报》报道称赞"梁邹美棉合作社，用合作方法，改善棉产品质，两年以来，成绩大著"。1936 年，全国所有的产棉大县种植面积都有较大增加，山东省更是力拔头筹，种植面积较之去年增加了238%。新中国成立后，邹平农村经济的重心仍以传统的棉花生产为主，进而发展成为种植加工配套一条龙生产，在全国颇享盛名。

1934 年，由于合作分社的增多和业务的进一步扩大，原有的总社体制已不适应新的发展需要，所以在研究院的指导下，调整原有体制，赋予各村分社一定独立性，改称其为美棉运销合作社，其联合机关改称"梁邹美棉运销合作社联合会"。具体业务上也有所改变，将原来由其总社负责的收花、轧花、借款等业务分配给各个分社具体负责，联合会的主要业务收缩集中在运销加工等。联合会还制定了《村社办理收花过秤须知》《村社办理轧花须知》等条例，分发各村社，以确保棉花质量。同时为了宣传种植美棉和指导合作社的工作，发展合作事业，联合会还出版了不定期刊物《社讯》和《梁邹美棉运销合作社联合会工作报告》，分发各村随时报告美棉合作社的情况。在组织上，棉花合作社也最接近梁漱溟的理想。教育是推广的主要手段。强调基层组织，村一级不断举行会议以提高水平并对社员就合作社的管理和组织作进一步的训练。比起其他合作社来说，棉花合作社更是围绕着村学进行活动的。

但鉴于种子有限，技术人员不足，且种棉户发展过快导致粮食种植锐减，全县人民吃粮紧张，研究院对种棉农户资格和面积做了一些限制。客观来说，正是这些限制暴露出梁漱溟所领导的乡村建设的先天不足，揭示出其乡村建设最终失败的内在原因。首先，由于种棉户发展过快，导致全县吃粮紧张，因而合作社规定，土地必须优先种足够的粮食，剩下的才可种棉，否则不借种子，不予贷款，这无疑限制了土地少农民种棉的机会，而将种棉收益全部赋予富农，导致贫者愈贫、富者愈富，出现了富农控制合作社的趋势。有的农户千方百计种棉花，政府不给他优良种子就用退化种子，不给他肥料贷款就自己借贷买肥料，这样收花时就出现退化棉种和优良棉种混杂的问题，影响了棉花质量，激化了阶级矛盾。其次，由于合作社数目的增加，干部的素质参差不齐，监督指导作用也日益下降，争权夺利现象层出不穷。最后，虽然合作社的初衷原为实现经济生活的社会化，并期望最终达到"共营、共享、共有"，但旧式农民的家庭主义和个人主义却非朝夕即可除去，他们仍是坚持自己的眼前利益为重，止于将其简单地看作改善眼前生活、获取眼前利益的工具，无法真正了解合作社的价值和意义。到1935年10月，返还农民的金额已由最初的70%增加到80%，很大程度背离了财产社会化的初衷。

（二）购买合作社

购买合作社成立于1936年10月12日，最初只设立在第六乡学，是邹平县所有合作社中成立最晚的一所。它的业务比较单一，主要购买本乡各社员日常生活和农业生产必需品。《乡村建设》第6卷第17~18期合刊里的《邹平购买合作社第一届报告》中说道："以购买本乡各社员生产上及生活上必需品为原则；业务活动随社员之需要而变化，货物可随时分批购入，不拘一定之商品，亦不必各商品同时购买。"它最大的特点在于组成单位并非个人，而是各合作社。《邹平实验县购买合作社社章》规定，购买合作社一般以本乡为限，其社员也以本乡合作社为限。优点在于可以以集体名义向金融流通处借款，先行垫付，待收货后再将款项还清，这种措施极大地缓解了乡村和农民资金周转缓慢的困难，有利于农业和农民生活。购买合作社以各合作社为基本单位，以每社为一股，每股股金5元，最后组成联社，也即购买合作社。购买合作社的业务主要为订货制，联社将近期所要购买的物品种类和数量发往各社，各社按其需要集中上报，联社按数量计算好所需款项向金融流通处借款，借款限期3个月，货物到后按购买数量分配到各分社，各分社再按所报数量分配给社员，各分社和社员在收到货物后半个月内即将货款付清。购买合作社内部结构与其他合作社基本相同，设理事5人，监事3人，分别选举其中1人为理事会主席和监事会主席，分别操作和监督合作社内部购买事务。自始至终，购买合作社并没有大范围地在全县范围内普及，加入购买合作社的只有棉业运销合作社、信用合作社和信用庄仓合作社三类，加入分社合计数量仅9个，社员共计279人，且其业务也仅仅局限在购买煤炭一项，并没有涉及其他物品。1937年随着日寇侵华、局势日益紧张，购买合作社的推广计划随着整个乡村建设运动的夭折也随之宣告结束。

（三）蚕业合作社

1931年冬，在创办乡农学校的同时，研究院同时决定，自古以来蚕丝业聚集的邹平南部第一至第五乡成为蚕丝业发展基地。当地乡农学校将养蚕问题重新予以重视，特别邀请青岛大学农学院的部分教授来到邹平，分赴各乡讲解蚕业改进的方法和蚕业合作的重要性，并特别聘请青岛大学农学院的蚕业专家担任蚕业导师，详细讲解和指导农民种桑养蚕流程和注意事项，聘请近十人担任助理教员，具体负责蚕业种植饲养技术改进和合作社的建立，意图深层次激发农民养蚕种桑并在此基础上进行合作的兴趣和热情。他们淘汰了当地的土杂蚕种，从镇江引进了13个蚕桑优良品种，培养乡村养蚕技术员，在养蚕村设立表证室，推广优良蚕种。经过长时间的宣传和普及，农民接受达到一定程度后，蚕业专家和农民在蚕业改进区内各乡农学校召开会议，决定成立蚕业产销合作社，合作项目包括合作防病、合作换种等，重点任务主要是蚕种催青合作和稚蚕饲养合作。他们进而讨论拟定了合作社章程，决定由各乡农学校校董会牵头，由研究院蚕业指导员和训练部学生具体负责宣传和组织工作，要求蚕业改进区内各村分别组织蚕业合作社，谋求蚕业改进，进而谋求农民生活水平的提高。

为了全方位保障蚕农利益，蚕业合作社不仅注重蚕种催青和稚蚕饲养，而且将烘茧缫丝、资金借贷等业务也同样纳入到合作社范围中，指导各村蚕业合作社共同烘茧缫丝、直接运销，催青、收茧、烘茧、缫丝、出售皆由农场代办，极大地避免了由于蚕商操纵蚕价吞噬蚕农利益等行为的出现。不仅如此，为了解决蚕农资金周转困难，研究院在蚕丝出售前，以蚕丝部分售价为抵押，为蚕农借款，约定待蚕农将丝出售后再行结账归还。种种措施，效果立竿见影，农民得到极大的实惠。从 1933 年合作社初成立到 1935 年，通过改由合作社合作烘茧缫丝和直接运销，蚕农较之以前每斤蚕丝可以多得利润 0.1 元。1935 年，尽管受国际缫丝市场价格大幅降落影响，中国缫丝业也受到了极大打击，利润持续下降，但邹平蚕业合作社仍然保持平稳良好发展，每斤仍较之前出售鲜茧丝多得 0.06 元利润。

1935 年 7 月，邹平合作事业指导委员会成立后，为保证和提高各个合作社的质量，同时也为保障各合作社运转规范，合作指导委员会还指导各村合作社组织建立联合社，在各村合作社理事、监事的基础上组织理事会和监事会，设立办事处，具体负责社内各项事务。1936 年又新增了 11 个蚕业合作社，全县共计 21 个蚕业合作社，社员 167 户。

（四）林业合作社

山东乡村建设研究院在成立之初就秉承"因地制宜，分区推广"的原则，山峰林立的第一至第三乡因天然地理环境就理所当然地被划归为林业改进区，意图推广植树造林，既改善环境，又为当地农民开发新的致富之路。在征得县政府同意后，山东乡村建设研究院做好一定程度的群众动员和组织准备后，指导林业改进区村民组织成立了"林业公会"，权且先期充当村民进行林业生产的联合合作组织，主要任务是筹备树苗，栽种培固进而在生长过程中保护其免受损毁。县政府也对林业公会制定了植树造林的奖励和保护办法。不可否认，林业公会对于初期的合作造林事业的发展尤其是树苗栽种和保护起了很大的推动作用。

1933 年，基于植树造林事业的长远健康发展和农民合作意识的进一步加强，组织不够严密的林业公会自然而然地进行了改组和加强。研究院农场具体指导将各村林业公会改组成林业合作社，林业生产合作社设理事、监事各 3 人组成理事会和监事会，由社员代表大会选任，理事会主席和监事会主席分别由两会选出，但大部分林业合作社理事会主席都由村长兼任。合作社设会计和书记各 1 人，具体负责合作社资金往来和运转事务，各社还在本社社员中挑选林警一名，具体负责树木的保护。据资料统计，改组后的第二年即 1934 年，就先后成立了 20 处林业合作社，树苗最初由实验县政府无偿供给，后由各合作社各林场自行育苗，社员多达 1636 人，林场面积达到 780 亩，订立了植树公约，规定了合作植树、施肥、管护的具体细则，以求达到有章可循、井井有条。1935 年，乡村建设研究院和梁漱溟又委派一批林业专员分赴各村，详细检查合作社运转状况，指导树木栽培方法，沿山各村争相询问，又成立了 18 个林业合作社，并由社员集体出资、由农场林业指导员具体指导播种果木种子和树木种子共计 112500 坑，植树 51 万株，既有槐树、柳树、榆树、杨树、橡子树等经济林木，又有梨树、栗子树、苹果树、杏树等果树。1936 年，由于气候干旱缺水，各林业合作社所植树木不同程度地都受到了树木枯死导致果木歉收打击，损失严重。加之同年合作事业委员会的成立，实验县政府对所有种类合作社进行清理整顿，由此林业合作社减少到了 25 所，社员 1940 人，林场面积 9080 亩，植树 93000 亩。但研究院与各村林业合作社并没有由此打退堂鼓放弃或缩减植树造林的计划，而是迎难而上，继续植树 31050 株，播种 110900 坑，并计划在未来两到三年进一步扩大植树范围和规模，力争达到植树 689150 株。

除了上述几种合作社外，实验县政府还指导部分村庄建立了蜂蜜合作社、机织合作社等，力图全方面发展农村经济，改善农民生活，提高农民素质，以达到乡村救国的目的。无可否认，邹平的合作事业建设还是取得了一定成功，对推广新技术、新品种起了很大作用，直接促兴了农业，使广大农民不同程度地直接受益，有力地推动了邹平其他事业改革的发展，为其奠定了良好的基础。亲历过乡村建设运动的老人回忆起梁漱溟及其所办的合作社时，大多对其持肯定态度，认为他的本意是想利国利民，使农村使国家富裕起来，对其充满感激和怀念。

二、金融机构改革

20 世纪 30 年代，中国的金融业呈现畸形发展局面。一方面是外国银行和官僚买办银行统治了各大中城市，另一方面农村金融机构寥若晨星，现代金融业严重缺位，农民借贷无门，广大农民深受资金缺乏之苦，农业无以为继，高利贷活动非常猖獗。金融问题严重影响了农村经济的发展和各项建设事业的进行，成为其时农村经济发展的一大顽症，亟待解决。而当时的邹平，城乡各镇共有大小商号 274 家，大多是家庭经营的杂货性质，没有规范的成行生意。虽经官方严厉取缔，但市面上本地商家发行的铜子票、角钱票仍然肆无忌惮通行。当时邹平地域狭小，金融流通形式简单、循环往复，多操纵在兼营多项投机生意的钱庄和商号手里，他们主要业务即发行纸票、向农村放高利贷、兑换银元、汇兑款项等，业务混乱、结构不合理等原因导致市面经常不稳，农民深受其苦。

早在梁漱溟乡村建设思想形成初期，也就是 20 世纪 20 年代中期，他就认识到设置金融机构、资金流通对农村经济发展和农民生活的重要性，指出金融是一切合作事业和技术推广取得实效的基础。在 1929 年为河南村治学院撰写的《河南村治学院旨趣书》中，他提到："窃尝计之，使吾能一面萃力于农业改良实验，以新式农业介绍于农民；一面训练人才提倡合作；一面设为农民银行，吸收都市资金而转输于农村。则三者连环为用：新式农业非合作而贷款莫举；合作新式农业之明效与银行贷款之利莫由促进；而银行之出贷也，非有新式农业之介绍莫能必其用于生产之途，非有合作组织莫能必其信用保证。"后来，随着乡村建设思想进一步发展完善，他进一步认识到"促兴农业以引发工业"是乡村建设的主要任务之一，而要促兴农业，就必须在"除弊"与"兴利"两方面下功夫，而"兴利"则主要包括三方面内容，即"流通金融""引进科学技术""促进合作组织"，由此他把金融流通、技术进步和合作组织概括成为促兴农业发展的三个要点。

基于上述理念，在邹平进行乡村建设实验之时，梁漱溟非常注重农民资金流通问题的解决，将其上升到与兴办学校、提倡合作等问题相同的高度。在他制订的实验区邹平县计划中，他认为由于邹平距当时市场交易活跃的周村较近，一切商务均为周村所吸收，从而导致邹平整个农村社会资金短缺。为了保证邹平实验区金融活动的正常进行，设想通过设立农村银行，吸引城市闲余资金流入农村，同时"（一）遏止投机赢利之风，而务使资本到生产上去；（二）布置内地乡镇金融机构，使资金得反输于农村；（三）于短期金融之外设法建立长期和中期农业金融，完成健全的农业金融体系"。正是鉴于这种重视程度，1933 年 8 月，梁漱溟倡导邹平乡村建设研究院成立了金融流通处，并在其后的几年里陆续成立了信用合作社、信用庄仓合作社、购买合作社等，一定程度打开了邹平的金融局面，为进一步推动邹平乡村各个方面建设运动建立了良好的经济基础，切实改善了农民经济生活。

（一）金融流通处

为了逐步减少并最终取缔高利贷活动，减轻农民负担，吸收城市闲余资金调剂农村金融，资助各种合作事业，切实解决农民的困难生活，1933 年，经由梁漱溟倡导，县政府决定三年分期给予财政资助共 10 万元，经过长时间筹备，邹平实验县农村金融流通处成立。

随着规模的扩大和业务的发展，金融流通处由最初的单一县金库性质发展成为含有农业银行、商业银行、县金库三类性质的综合性、规范性机构。它既能以极低利率贷款给各机关团体或农户，保证他们在农业生产中的资金流动，又能将固定资金和较长期限的固定存款贷放给各信用合作社和商号赚取日利，还兼理全县赋税和各项建设基金的征解保管。1935 年，梁漱溟在第三次全国乡村工作讨论会上谈到金融流通处发展前后的变化时说："以前的流通处，兼办县府征收支付事项，是一县金库的样子，于农村金融之流通，未能十分致力。自改组后，筹定资本，专意流通农村金融，放款几以农村信用合作为唯一对象；一面仍代理县库，但不办征收。在组织上成立董事会，采用经理制，与前已大不同。"现将金融流通处的主要经营业务介绍如下：

第一，低息贷款。这是金融流通处最主要的业务。包括向各信用合作社和庄仓信用合作社、商号放款，作为活期生息，或将款项存于各商业银行作为往来透支或外地汇兑，或不用任何担保抵押，在农产品价格低落、农家收入减少以致农家债台高筑的情况下，贷款给贫苦农民，帮助他们清理旧债恢复生活。以 1936 年 6 月 30 日的决算表分析金融流通处的放款结构，大致在如下比例：截至决算日，流通处共放款 85584 元，其中商号 21290 元，占 25%；美棉合作社 2 万元，占 24%；信用合作社 15359 元，占 18%；给农户放款 26750 元，占 31%；向庄仓信用合作社放款 2185 元，占 2%。在贷款的使用过程中，尤其以个体农户为贷款对象时，流通处严密监督各团体组织和社员贷款便用用途，务必确保其将贷款应用于农业生产，如凿井、购买耕牛家畜、购买种子肥料等。

第二，征解保管各项赋税和建设基金。按当时的征收标准，彼时的邹平全县共计为省地方征收酒税 14.14 万元，地方附捐 79560 元，酒税 2000 元，牙税 2600 元，契税 1 万余元，教育基金 3 万余元，建设基金 1 万余元，以及账款、救济款、县仓存款共计 5000 元。作为县金库，邹平县所有赋税包括地方各项建设基金和上级政府拨发的经费，总计每年征收蓄存 40 万上下，均由金融流通处征解保管和下发。这笔款项不计存息，由金融流通处按时按需向各机关团体和农民作贷款之用。

第三，代兑庄仓信用社庄仓证券。1933 年为应对粮价低落金融奇缺，增加资金流通，各乡成立庄仓信用社，农民按其田地多少比例积谷，以存谷为抵押，由各庄仓合作社发行庄仓证券，由金融流通处代理兑换，便于流通。后来注重以粮食抵押贷款，由农民自动提供粮食，按时计价折贷现金，卖出以后再归还金融流通处贷款。客观来说，金融流通处在庄仓信用社运转过程中是不可缺少至关重要的组织支持。

第四，各种存款业务。为最大限度地收集农村闲散资金，除普通的活期储蓄、定期储蓄外，金融流通处还依据农民的生活习惯和承受能力，自创了6种特别储蓄名目。包括备婚储蓄、备学储蓄、养老储蓄、防灾储蓄、建设储蓄、喜庆纪念储蓄。各种储蓄都有单独的利息计算方式和提取方式，极大地激发了农民的储蓄热情，培养了他们的节约意识，也为金融流通处的资金融通提供了有效来源。资料显示，截至1936年6月，金融流通处通过上述方式吸收各种存款5万余元。

金融流通处的建立，在很大程度上资助了邹平各种合作事业的发展，推进了彼时的乡村建设，正是在金融流通处的支持下，邹平信用合作社从1934年的21处发展到1936年的48处，信用庄仓合作社到1935年就发展到58处，其他生产合作社也利用流通处的贷款发展生产。它在很大程度上是梁漱溟实现其在中农村社会、农民自身"团体组织"建立和"科学技术"发达的重要手段，如蚕业、掘井、轧花机等项贷款都是为了在农村向农民倡导科学技术而设立，如对贷款者必须是信用合作社成员的资格规定，等等。对此，梁漱溟自己有过深刻的论述："当时在邹平成立金融流通处，你有钱可以存放在那里，你也可以借钱。但借钱要有条件，什么条件？就是你单独一个人借钱不行，你要组织起来，组织一个生产和合作社。一个生产合作社，十几家人，是个团体性质，到金融流通处贷款，就借给你。这就是教育农民从散漫到参加组织，组织起来进行农业生产，同时进行技术改良。"同时，流通处成立之后，一方面将征收与保管分立，避免了过去征收款项时征收人员出现挪用公款中饱私囊的情况，将各项建设基金妥善保管、合理运用，减少了建设教育基金损失；另一方面统筹规划，运用货币流通渠道，随时监控全县金融状况，加大全县货币流通速率，压低市面借贷利率，减少了农村资金缺乏困难。除此之外，金融流通处以低息贷款给各机关团体和农民个人，减少了农村高利贷剥削，增进了农村生产和运销流通，组织引导了经济的发展，有利于农民生活提高，改善了农民与政府关系，取得了农民对政府的信任，有利于乡村建设各项事业的推进。

（二）信用合作社

在旧中国，天灾人祸、洪涝灾害、粮食歉收时有发生，农村资金极度缺乏致使农民深陷高利贷泥潭，更成为压倒原本已经不堪重负、濒临破产的农村社会和农民生活的最后一根稻草。据统计资料显示，20 世纪 30 年代初期，中国金融业已经可以说是"一团糟"，有限的金融资源基本上集中于城市，山东省也不例外。据山东省《实业志》载，民国 21 年，山东全省共有银行 39 家，分布在青岛 12 家、济南 11 家、潍县 4 家、烟台 3 家、威海 2 家、博山 1 家、藤县 1 家。这些银行集中在工商业相对发达的城市，对农村经济发展和农民实际生活并没有起到相应促进作用，恰恰相反，却为一些不良乡绅和投机分子大开方便之门。针对这种现状，研究院于 1934 年在全县范围内成立了 21 处信用合作社，全称为"无限责任邹平县××乡××村信用合作社"，具体操作受研究院合作事业指导委员会与农村金融流通处指导。

据资料记载，信用合作社开办当年就引起了极大轰动，显现出立竿见影的效果。是年全县总计入社人数达到 314 人，股金 870 元，贷款 6600 元。信用合作社的主要业务有三项：借款、放款、储蓄。储蓄分两种，分别是定期和零存整取，定期储蓄又分节约储蓄、励农储蓄和纪念储蓄，鼓励社员戒烟、戒酒，节约婚丧嫁娶所耗费用，利率半年期月息 7 厘，一年期月息 8 厘，一年半9 厘，最高不超过 1 分 2 厘。贷款主要是利用社员的各种储蓄和农村金融流通处给信用社的贷款，贷给日常生活和特殊时期急需资金的社员，解决社员生产生活困难，利率不超过 1 分 5 厘。1 分 5 厘的利率与农村金融流通处给信用社贷款 8 厘至 1 分的利率之间的差额，就是信用社的盈余来源，盈余的 50% 留作公积金，15% 作为职工酬劳，15% 作为奖励储蓄，20% 作为发展业务和公益事业基金。为了规范管理和操作，信用社制定了操作章程，其中明确规定：每社组成人员必须不少于 15 人，多者不限，社员资格要求必须在业务区域内居住，年龄 20 岁以上，无不良嗜好，且有一定资产者；入社者必须缴纳股金，每股 2 元，每人不得多于 20 股；信用社每年召开一次社员代表大会，由社员推选理事 2 人和监事 3 人，主要负责和监督信用社的资金往来和运行，任期两年。1934 年，由于水旱灾荒，农民收入锐减，无以救济，要求参加信用合作社的农民人数大增。到 1935 年，合作社的数目增加到 33 个，社员 589 人，贷款 9486 元；1936 年，邹平全县信用合作社已发展到 48 处，社员 1095 人，股金 3807 元，贷款 23626 元，是 1934 年的 3.5 倍，储蓄总额 680518 元。当时山东省政府也对信用社这一金融形式大加鼓励和赞扬，规定每个村信用合作社都可以向县金融流通处借 500 元，每个社员可借款 30 元，无疑更大大加强了对农民的吸引力，进而促进了信用合作社的蓬勃发展。

（三）信用庄仓合作社

信用庄仓合作社经营业务范围较广，除了信用业务外，仓库业务也占较大比重。它的前身是庄仓合作社。根据《邹平实验县普设庄仓合作社的办法》规定，办理庄仓合作社的主要目标有积谷备荒、储蓄致富、树立信用、平抑粮价、调剂供需。1933 年，邹平粮价猛跌，粮食卖不出去，农民经济极为紧张，农民金融奇紧。为了解决眼前困难，时任县长的王怡柯根据国民政府内政部地方仓储管理规则和山东省政府"积谷备荒"的通知，建议以原有纳税区为单位，按田地面积为比例，农民用粮入股，按每亩半斗粮上交集体仓储，成立庄仓合作社。各村庄除凡有地不超过 3 亩，所收仅供自给或不敷用度者外，余者均可加入，并按每亩半斗交粮纳入庄仓，各庄仓再以所存粮食做抵押，向农村金融流通处借抵现金，转贷于社员，期限不逾一年，月息 1 分 2 厘。当时县政府认为此举，一方面能平抑粮价，最大限度地减轻农民损失；另一方面可以流通金融，暂时解决农民的眼前困难。由于庄仓信用社实际有效地解决了农民困难，给农民带来了益处，因此很快得到了农民的认同，如火如荼地发展起来。

1933年当年便成立147社，入社社员9465人，存粮5300担。1934年冬，邹平全县共成立了若干个庄仓合作社，业务也从单一的存粮扩展为存粮、保管、贷粮、运销。

1935年，为了活动存款和增加资金，庄仓合作社业务范围扩大到金融的借贷，即以其所储仓谷为抵押，按庄仓存谷和谷价发行庄仓证券，由金融流通处代理兑换和流通。由此，各庄仓合作社可按所存粮食总量向金融流通处办理集体贷款，也可经过存储得到类似于地方性货币、与其所存粮食同价并可在县内和邻县流通的"农村金融流通券"，在一定时间可向金融流通处兑换银元和其他证券。

鉴于上述业务的开展，为了更好地代表庄仓合作社的属性，于是改庄仓合作社为信用庄仓合作社，目标是以经营银钱粮食为借贷存储及粮食之运销保管而利社员之生活。截至1936年，邹平全县共有信用庄仓合作社58处，社员达到2914人，共有社股4480股，积谷多达1700余担，发行庄仓证券3.8万元。

第五节　社会革新的努力

一、组织培训乡村自卫力量

20世纪30年代初的山东邹平，与全国其他地方一样，社会秩序较为混乱，民众普遍缺乏安全感。居住在附近周村的日本浪人，经常无事生非、寻衅滋扰。作为名义上保护人民安全的国家正规武装力量，县民团大队毫无纪律可言，无恶不作、为所欲为，名为保护地方安全，实则与社会上强盗土匪流沆瀣一气、狼狈为奸。1931年，山东乡村建设研究院成立以后，面临的首要问题就是社会治安混乱、自卫组织缺位、乡村安全缺乏保障。为了扭转这个局面，进而为乡村建设的顺利开展铺平道路，研究院和县政府遂把整顿社会治安、建立和健全社会自卫组织当作邹平乡村建设事业的首要和重要内容之一，并为此进行了一系列努力。

研究院和梁漱溟认为，农村治安的好转必须以地方全体民众的参与为基础，地方自治组织必须寄希望于地方全体民众，所以研究院主要以本地乡村成年农民为对象征调训练，随着这一过程的逐年推行，最终将把乡村农民都纳入自卫组织中。《乡村建设》第6卷第4期《邹平乡村自卫实验报告》中记载："至是则农民将尽为有训练有组织之民众，凡须寄托于农民自卫之事业，则无异寄托于自卫组织之上，则此自卫组织自足以策动各项事业之进行。故以此为自卫组织之运用，不但为民众组织之基础，并足为一切事业之核心也。"

在1933年被划归为实验县以后，为巩固地方防务、建立自卫基础并实行民兵制度，乡村建设研究院将原有公安局和民团大队改组为干部训练所，下设征训队，训练由各乡精挑细选出的乡队长，课程除常规的军事科目外还包括应用文、户籍法、自卫要义、社会调查、棉业合作及精神陶炼等。课程结束后由县政府派往各乡担任乡队正副队长，隶属于乡学，受乡理事指挥监督，统率已经成立的联庄会会员，维持地方治安、宣传政令、协助各项建设事业的开展。随后研究院制定了《邹平实验县联庄会训练暂行办法》，设置联庄会训练班，挑选本地体格健壮、年龄适合、有一定田产的青年农民为联庄会会员，在农闲时节前往县城参加受训两个月，寓教育于军事。其主要特点在于不仅注重消极的自卫，还尤其注重积极的建设，并以精神陶炼的方式一以贯之，以求不仅提高乡民乡村自卫能力维护社会治安，而且提高农民民族意识，养成有纪律有追求的生活追求。两月训练期满会员回乡后，平时均居住于本村，加入由各村或附近几个村编成的隶属于村学的村组组织，接受受过特别训练的村组长指挥，平时守望相助，有事时迅速集合、武力自卫。以此类推，村队隶属于某乡的乡队，由干部训练所征训队训练出的乡队长指挥。全县乡队则受县警卫队的统一指挥。

联庄会训练一共进行了四期，训练后的任务可以说事无巨细，包括领导村民防范火灾、水灾、盗贼，对于村民不良习惯及时纠正和劝诫，指导帮助本乡本村进行的其他军事训练等。《乡村建设》第 6 卷第 4 期《邹平乡村自卫实验报告》记载："平时会员相互间既素相熟识、学习便利，自能相亲相助，本同伍亲邻之情谊，作同志同气之团结。遇事则召集迅速，即时可以成军。就全县之保卫任务言之，则为强固之后备，而于各村之治安维持言之，实为常备之民兵。故此种自卫体系之树立，无论何时何地皆充分驻有自卫之武力也。"

自卫组织成立的益处是显而易见的，除了维护当地乡村治安的基本任务外，县政府和研究院的多项建设事业也都被纳入乡村自卫组织以求推进和执行。如办理户籍人事登记时，各乡户籍主任即由各乡副队长兼任，户籍员由联乡会会员担任；在村学乡学实行成人教育过程中，军事教员和班长也都由村组长和联庄会会员分任；为数众多的乡村合作社在运转中，其职员也大多由联庄会会员担任，以求生意的顺利开展和保障安全。

二、移风易俗

梁漱溟十分重视社会风俗的改良，他曾说过："乡间礼俗的兴革，关系乡村建设问题甚大。不好的习俗不去，固然障碍建设；尤其是好的习俗不立，无以扶赞好的建设进行。"综观邹平实验县对社会风俗的改良，主要包括两方面。

一是利用乡学村学大力宣传复兴我国传统的优秀文化礼俗，如敬老爱幼、礼贤下士、睦邻恤贫、惩恶扬善、勤俭节约等；二是禁止各种陈规陋习的继续泛滥，倡导推广现代科学健康的生活方式，如禁止妇女缠足、早婚早育、吸食鸦片、聚众赌博等，对不听劝告的予以罚款、批评和拘留教育，宣传推广计划生育，教育大家一起齐心向上好学求进步。应该说，虽然当时在新礼俗推行过程中遇到了一些落后守旧封建势力的阻碍，但研究院一往无前、强力推行的努力还是取得了某种程度的实际效果，使邹平社会风俗的改革取得了极大成绩。

邹平青少年早婚早育的现象受到了一定程度的控制，女子缠足等社会现象基本禁绝，吸毒、赌博等社会丑恶现象也大大减少，社会风气有了极大好转，人们的精神面貌有了很大改变。

除此之外，为了丰富乡民的文化精神生活，研究院师生还自导戏剧话剧、自编歌曲，深入到各个乡村演出，主题都是关于社会教育、风俗改良和科学宣传等，语言通俗易懂、贴近农民，内容新颖有趣，与学校教育互为补充，极大地丰富了农民的业余生活，被当地乡民亲切地称为"文明戏"。除了下乡演出，研究院还不定期深入每一个乡村放映无声电影，以农民前所未见的方式宣传科学技术和自然知识，激发了农民强烈的兴趣和参与热情。在开展丰富多彩的文艺活动同时，研究院也不忘举办各种体育活动，如开办农民运动会、举行乡射等，强健农民体魄的同时锻炼其精神、激发其斗志。

梁漱溟认为"陋俗之革除，仍靠教育化导功夫为主，不过若无此法令为后盾，则教育亦难施其力"。由于坚持教育化导和强制处罚相结合的方法，邹平移风易俗的工作取得了极大成效。据亲历过乡建实践的一些老人回忆，虽然邹平蓄辫、缠足、早婚和赌博现象没有完全禁绝，但较之以前有了极大减少，尤其是蓄辫和缠足效果最为明显。邹平社会风气焕然一新，村民观念极大进步，乡村状态面貌在全国乡村都名列前茅。

三、公共设施建设

研究院还帮助农民利用新法打井，仅 1935 年一年就凿井 1035 眼，对于缓解农忙时节旱情起了极大作用。为了提倡打水汲井灌溉，县政府备有充足凿井贷款，打井农户若资金短缺，可以无息贷款，这些措施极大地激发了农民的打井热情。研究院通过和当地农民合作，经过长期摸索实践，发明了马拉抽水机，较旧式水车费省效大，这些新式农具对抗旱增产大有裨益。通过这些改良措施，接受新科学技术在农业上应用的风气在落后的邹平农村开始形成，并带来了极大的效果。

为了改造邹平水利，1935～1936 年，梁漱溟和研究院组织疏浚杏花沟，使邹平水患得减八九，极大地增加了农业生产。杏花沟原名清河沟，是邹平北部一条自西向东的内涝排泄渠道，其下游宣泄不畅，每逢暴雨常酿成水患，几百顷良田被淹，附近民众深受其苦。但在疏浚之初，却遭到了部分民众基于自身利益的反对，梁漱溟与研究院同人苦口婆心地对其动之以情、晓之以理，终于使反对民众改变原来主张，疏浚工程如期动工。杏花沟疏浚工程分两期进行，经军队和几千民众共同努力，阻塞8年的杏花沟终于疏通，周围重新开垦出耕地500多亩，成为邹平有名的粮仓，极大地改变了邹平面貌，造福了万千百姓，促进了农业生产。

除了疏浚杏花沟外，梁漱溟和研究院还动员民众积极支持、主动捐款，将邹平县城东侧白条沟上千疮百孔、常年失修的刘家桥进行改建。经过梁漱溟亲自逐项逐村走街串乡的积极动员和呼吁，村民深为感动、纷纷捐款，几天时间建桥资金就全部到位。两个月后原来破败不堪的刘家桥变成了坚固耐用的刘家石桥，即使狂风暴雨，石桥巍然屹立，极大方便了来往客商村民，保障了人民群众的生命安全。迄今刘家石桥依然矗立，利用率极高。

对与崇尚佛家和儒家的梁漱溟来说，邹平大佛殿、醴泉寺、范公祠对他都有着特殊而重要的意义。研究院成立不久，梁漱溟即前往瞻仰大佛殿、醴泉寺、范公祠，对它们的建筑规模和艺术、周围的自然景观赞不绝口，但同时也对其年久失修的破败深感不安和惋惜。经过梁漱溟推动，研究院和县政府成立了重修大佛殿、醴泉寺、范公祠委员会，带头捐款，动员各级官员和民众慷慨解囊，募集了足够资金后，组织能工巧匠精心施工，历时一年多将其修缮一新，并新盖碑亭使其免受风雨侵蚀之苦，然后亲笔题字，以示纪念，供人瞻仰。经过这次重修，多年破败的古刹重现风采，迄今仍是邹平著名的文化古迹，成为海内外游客的必经之地。

具体到每一乡每一村，梁漱溟与研究院提倡每村村头标明村名，各村街道标明街名，各村各户的门楣标有门牌。各村主要路口处用大字标明村庄名称，行路人一看就知道这是哪个村庄，同时也便于记录户口，投递信件，查询人员住处等。

四、医疗卫生事业

医疗卫生事业的发展直接关系到人民群众的健康。山东乡村建设研究院建立之前的邹平医疗卫生条件比较落后，全县没有一家医院，广大人民群众缺医少药，有病得不到及时治疗而丧失劳动力甚至终生残疾的现象屡见不鲜。1934年划邹平为实验县以后，10月，经过梁漱溟与研究院同人多方奔走、积极筹备，与齐鲁大学医学院合作正式成立了邹平第一所卫生院——山东乡村建设研究院医院。卫生院直属县政府，也是研究院的一个实验研究单位，是研究院训练部卫生课程的主讲者。

卫生院初建立时，由于人手和经费限制，并没有设病床，直到1935年以后，医院条件才得到改善，不仅建立了有30张病床的住院部，而且还建立了手术室、化验室和药房。以前一些只有大医院才能治疗和手术的病现在邹平卫生院都可以医治，极大地便利了民众健康需要。卫生院的主要工作要从个人、学校、家庭、社会和训练人才入手，主要包括五项：妇婴卫生、学校卫生、家庭和社会卫生、传染病预防和社会卫生教育。一方面以治疗为主，男女老幼都可以来看病，且收费很低，对十分贫苦的免费治病；一方面以预防为主。每日上午八时至十二时，下午两时至五时为门诊时间，门诊出诊仅收挂号费钱10枚，复诊仅收4枚，对贫苦农民则免费。除治病以外，还要负责邹平实验县的公共卫生工作，故又称"山东邹平县政建设实验区卫生院""邹平县卫生院"。

随着规模发展，邹平卫生院在相当程度上满足了民众求医问药的需要，但为了更加便利居住偏远的农民到医院看病，研究院和县政府计划在全县除县城所在首善乡以外的13个乡每乡设一个卫生所。卫生所在行政上受所在乡学领导和管理，业务和技术上受县医院指导和协助，以免除偏远地区农民跋山涉水之苦，更加便利所在地居民就近看病。由于财力和人手限制，第一批卫生所只建立了6个，主要负责当地门诊、巡回治疗、重大疾病护理和转院，除此之外，与县医院一样还要负责所在乡的公共卫生和预防。由于第一批卫生所运转良好，成效显著，研究院准备成立第二批，但彼时恰逢"七七事变"爆发，第二批卫生所计划不得不随之付诸东流。

由于医院收费低，极大地照顾了贫苦农民的经济状况，且服务态度也比较好，因此医院发展很快，每天到医院看病的基本都在几十人以上，极大地保障了民众的身体健康。据当时资料统计，从1934年10月卫生院建立至1935年6月，邹平县卫生院共诊治病人7635人，医治病例8592例，诊疗次数17868次。

除此之外，卫生院还多次举办卫生讲座，宣传卫生知识，举办卫生助理培训班，培养了一批乡村卫生员，力求将最科学最专业的卫生知识最大范围地普及乡村和乡民。卫生院还特别重视妇婴保健工作。1935年4月倡导成立了妇婴保健会和家庭卫生训练班，主动深入乡村宣传优生优育知识，负责本乡本村的孕妇登记工作，提倡新法接生和科学抚养婴儿方法。经过几年的努力，邹平的卫生条件得到了极大改善和提高，群众卫生意识大为增强。

第六章　多维度下的管窥

梁漱溟乡村建设理论的内容和实践的力行，是基于其对中华文化精神价值底蕴的认知和体悟。深刻领会和把握梁漱溟乡村建设理论和实践的内容，对新时代的乡村振兴以及推动社会主义现代化建设具有重要的现实意义。有鉴于此，本书拟从秩序观、社会学史、社会工作本土化、乡村理论与实践对比等多维度展开论述，尝试探索梁漱溟乡村建设理论和实践的深层肌理，从而加深对乡村振兴的历史经验和现代价值的认知。

第一节　梁漱溟乡村建设中的秩序观

一、建立新秩序的必要性与根本目的

花开花谢，昼夜交替。当我们注意观察这个世界乃至宇宙的时候，我们会发现：从总体上看，万事万物总是有规律地运动着，和谐是这个世界的主旋律。美国著名法理学家博登海默在《法理学——法律哲学与法律方法》中，对宇宙秩序的和谐给出了堪称经典的表述："对我们周遭的宏观世界所做的观

察表明，它并不是由无秩序的和不可预测的事件组成的一个混乱体，相反，它所表现的则是意义重大的组织一致性和模式化。至少在那些对这颗行星上的生命体日常生活起着决定性影响的外部自然界现象中，秩序似乎压倒了无序，常规性压倒了脱轨现象，规则压倒了例外。"同样我们也会发现，类似自然界这样的规律性与确定性对我们生活的人类社会而言一样有效。我们生活的人类社会同样须臾离不开秩序。

毫无疑问，凡是有人类社会的地方就必然需要秩序，而"社会"一词实已融有"秩序"之意。《新牛津英语词典》对英文单词"社会"一词的解释是：①一起生活在一个或多或少有秩序的群体中的人们组成的整体。②生活在一个特定的国家或地区并且有共同的风俗习惯、法律和组织机构的人们形成的群体。简而言之，社会首先是一个有秩序的群体或整体，可见，"秩序"实乃"社会"一词的题中应有之义。梁漱溟也认为，人类的生活必是社会生活，而社会生活又须靠有秩序，没有秩序则社会生活不能进行。

人们的生活之所以对秩序有如此迫切的需要，乃在于秩序可以为人们之间的相互行为提供一种"可预期性"，并满足了人们在生活安排方面对连续性的诉求。所以，人们总是希望自己身处其间的社会处于一种合理且优良的秩序之中：资源得到公平的分配，纠纷得到公正的处理，人与人的关系亦得到妥善的安排。如果人们失去生活中为大家所共同循由的秩序，则行为便失去凭靠和依归，人们便不知如何举措，生活中这种没有"规律"可言的状况是难以想象的。社会运转起来的重要前提是必有一个秩序存在于其中。只要有秩序，人们总会或直接或间接地从中得到某种好处。人们最不可接受的是"没有秩序"的局面，处于这种社会中的人们几乎可以说从社会得不到什么益处，整个社会处于失控、随机状态。

中国近代百年历史中，重建乡村生活秩序，并从长远着眼，建构为亿万子民遮风挡雨的新的精神家园，建立一种适合中国人的新秩序，实是首当其冲的难题。梁漱溟致力于乡村建设运动十余年，其间既有殚精竭虑的思考，又有长期脚踏实地的实践。但梁漱溟的最终目标或志向却不仅仅限于农村。或者说，建设乡村社会新秩序仅是梁漱溟目标之第一步。梁漱溟的思路是经由对农民、农村的改造，使之成为建立中国新社会的主力军和有力推动者，进而改变中国的政治秩序，并解决中国的经济问题，最终实现中国的复兴。这也是梁漱溟更加高明的地方。另外，在思想指导的深刻性、方法的彻底性上，梁漱溟的乡村建设运动也远在其他乡村运动实践者之上。我们不难发现，梁漱溟的思路更加远大，亦更富建设性，而绝非仅为解决中国乡村面临的一时之急。从这个意义上说，"建设乡村"实质上无异于"建设中国"。

梁漱溟认为，中国人是十分注重人的自然伦理情谊的，此种伦理情谊引导人生向上，远离人生中的一切下流与堕落。乡村建设的宗旨正在于昭苏和启迪人们的这种被西方文化冲击打乱了的感情，以使其人生有所依托，生命有所支撑，便于重新拥有一种新秩序。具体来说，一方面，要唤起人们对中国固有生活秩序的信心；另一方面，要消除传统生活的某些弊端，使乡村社会尽快结束散乱的局面而形成团体组织，借助众人的"齐力"办事，建立中国特色的民主机制，形成一种新的"礼俗秩序"，并逐渐在基层培养并造成一种"势"或曰一种"力量"，进而构成对上层政治的制约，并改变上层政治环境，全面解决中国问题。

二、中西人生与人心之捍格

因自然地理位置方面的限制，可以说，中国和西方文明从一开始就是在不同的环境中生长的。几千年来，他们各自形成了不同的风俗习惯、制度设计、生活方式，其具体表现即在中国与西方于人生与人心方面有诸多明显的差异。

著名学者、现代作家林语堂深溯中西人生态度的差别并将其概括为："让然后得"和"攘然后得"两端，意在指明欧洲的人生是以竞争、侵略、变更不已、不知足与破坏为要道，而中国人则反是。梁漱溟提到的西方文明、强力文明，这与其认识到的中国是"理性"的文明大异。虽然梁漱溟对中西两方人生与人心之捍格不凿进行了深入的研究，并指出了中西文化传统的诸多差异甚至根本对立之处；但必须提请注意的一点是，梁漱溟并不否认西方人秩序格局的巧妙与独到；实际上，他甚至对西方文明表露出了些许赞赏。

梁漱溟对英式君主立宪这种"旧瓶装新酒"的民主宪政形式赞以"真乃绝妙"四字。而从对英国宪政的研究中，梁漱溟也深知宪法、宪政等所代表的近代西方政治组织方式与运作规范是西方社会生活衍生出来的自然结果，并且是在长期的运用中已然达到与其人生与人心丝丝入扣的磨合程度的一种纯熟技巧，犹如传统礼俗与社会生活之于中国人生。梁漱溟将西方这种表现为法律架构的近代民主政治精华，梳理为"合理"与"巧妙"两项；认为这是我们所"不能不承认""不能不迷信者"。

这里，我们还有必要申言明白梁漱溟所赞赏的对象是西方的制度设计和秩序格局与其人生与人心的"丝丝入扣"，而绝非这种制度设计和秩序格局本身。正如梁漱溟所说："西方精神实在是比较粗浅的，对于中国精神之深厚处而说，就是往下了。"而中国学习西方文化，"每一度的向上皆更一度引入向下去，继续不断的向上正即是继续不断的下降"。也正因为如此，梁漱溟提请那些"考究西方文化的人，不要单看那西方文化的征服自然、科学、德漠克拉西的面目，而须着眼在这人生态度，生活路向"。

这样，我们也就很容易搞清楚为什么梁漱溟在对西方文化传统倍加赞赏的同时，其在移植西方文化的态度上却显得如此谨慎了。他认为西方文化之优是相对于西方人的人生与人心而言的，是与西方人生活相适应的一种妥帖的安排，但却不一定适合中国人的人生与人心。中国人不可能通过全盘学习西方文化而实现自强，相反，盲目地抛弃自己的传统学习西方只会使中国的混乱局面雪上加霜。

梁漱溟坦言，其于"西方行之甚便，中国仿之，只受其毒害而已"。梁漱溟显然不同意当时那种全面皈依西方强势的做法，因为"（他们）总的目的还是通过所谓'文明''进化'，即全面皈依那个强势样本，以求得自保，复亦进为强势。（但）任何知识总是地域性的，规则及其形式的合理性更是离不得具体的语境，移诸他乡，离了背景，于大多数人的心意讨不着个说法，再好的设计等于梦想"。于是，大多数普通人身心的迫厄势不可免。

梁漱溟十分赞同美国著名作家丕斐在太平洋联席会议上的讲演《远东问题之局外观》的说法："欧西人士，今已深感到陷入旋涡，无法自拔之苦；而远东方面不引为前车之鉴，反思效尤，其结果岂不将同出一辙乎？日本早已从乎欧西之后，今日更无选择之自由。乃中国年来所采取之途径，概而言之，也不过锐意发展物质建设与提倡民族主义两者。此殆由某种环境之影响，中国人士或认为非采此途径不可；然循此途径以往，将来所生之结果如何，实为一极端耐人寻思之问题也！"

梁漱溟显然意识到，"死板板的僵硬法律于解决'中国问题'无助于事"。因为"态度神情实乃生活习惯的核心，而法律制度不过是习惯的又进一步，更外一层，其人生态度以至其社会习惯和法律制度，原本是一脉一套，不可分隔。法律制度所以为活法律制度而有灵，全因为有其相应的态度习惯，虽然视之无形，听之无声，但其重要性却远在成文法之上"。

看来，立法不过是对已然发生的事实的肯认，事实不是法律规定所能立刻呼唤而来的，令法律迁就事实易，而令事实遵随法律难。此强行将西方的制度设置安插于中国人的生活之上，恰犹如"置车于马前而欲车行"。而一套法制必须表明其与道德和正义具有一定的一致性，或必须根植于服从它乃为一种道德义务的广泛的价值判断之中——法律效力紧系于道德价值。

梁漱溟苦苦思索，体悟到了近代中国面临的一大难局。即：一方面，缺乏法治精神与法治轨道上的政经运作方式为中华民族在现时代的一大负面，也是中华民族现时代需要解决的一大生存课题；另一方面，正因为此，如果"见贤思齐"，无视此乃一长程奋斗的事实，欲求毕其功于一役，硬要一时间仓促拉郎配，即仓促间在中国社会之上凭空安装一个于中国社会来说"没心没肺"的西式"上层结构"——政制、法制乃至道德，等等，一厢情愿的结果只能是自酿苦酒，恰恰反映了西人的"此为珍馐，彼则毒药"那句老话。中国不能走西方的路子，在这一点上，梁漱溟特别同意罗素的话："（余）屡次说明中国人有较吾人高尚之处；苟在此处，以保存国家独立之故，而降级至吾人之程度，则为彼计，为吾人计，皆非得策。"在经过长期的思考之后，梁漱溟找到了解决中国问题的办法：吸收西方文明的有益因素，在中国古代传统基础上建立适合中国人生与人心的新秩序。

三、在传统基础上建立新秩序

梁漱溟首先确认了中国乡土社会旧的秩序格局业已破坏，再无完全恢复的可能。认为今后的中国，必定是"团体生活"的样态——实际上中国社会已经蹒跚迈上此一不归路了。梁漱溟认为，一方面，中国必须借鉴西方的某些做法，如结束中国乡村社会的散漫状况，使人们商量着做事，形成组织，产生合力，等等；另一方面，西方社会以人们相互间的共同利益为纽带而结合的团体，实不足为中国所仿效，亦无法仿效。中国的组织仍应是因循几千年来的"老方式"，即建立与自己人心相符的，以血缘关系为基础的，极富伦理道德色彩的组织。

同时，梁漱溟也看到，在当时"世界大交通"的年代里，中国乡土社会旧有的礼俗秩序也确实不再适应新形势的需要，无法与西方文化相抗衡。梁漱溟认为，在中国乡村社会建立"新秩序"的首要问题是结束乡村社会的散漫状态，使乡民们渐为形成强有力的组织，共同解决乡村社会面临的问题。"中国人居现在的世界，如不往团体组织里去，将无以自存，事实上逼着我们往组织里去，向西方转。"

看来，梁漱溟实际上已经肯认了，在中国乡村社会建立新秩序必然要学习西方社会生活中的某些有益成分，为我所用。但在梁漱溟看来，中国的变革固然是由外力引起的，也应吸收西方的某些高明的做法，但此变革仍应以本土传统文化为逻辑基础和起点。梁漱溟之所以一生坚持这一点，实是因为其明察了

"传统"对一个民族生活不可否弃的衔接意义。

梁漱溟对"传统"这份坚定的信仰基于其对中国传统文化强烈的自信。这一点从其有名的"世界文化三期说"就可见一斑。这里我们不准备论说这一说法正确与否或是否会真正实现，但由此我们不难看出的一个问题是，梁漱溟对中国传统文化有着强烈的自信。须知在自"五四"以来以迄新中国成立以后的一浪高过一浪的否弃传统的浪潮中，梁漱溟能够葆有这份自信，实在是难能可贵的。

所以，按照梁漱溟的观点，新的生活样法必须能够成功接续在中国固有精神之上才有成功的可能。梁漱溟之所以如此强调中国自己的历史和固有精神，实是因为包括法律规则与法制秩序在内的传统中国的人间秩序，是因应中国人的人生态度而来的外在措置，服务于这个族群的人世生活，并随其人生态度的因革而损益。同时，其昭示了我们这个民族的生活方向，提供了我们生活的一个"总标准"：特定民族某一长时间的历史经验将此民族引向某些方向；尤其是在法律方面，特定民族法律制度经由其中发展的过往时代，有助于确定其法律应当据以制定和解释的标准，以及，其法律制度要努力达成的目标。更因为：历史不再简单是针对过去的事实陈述，而是一个为人们提供标准和目标的经验宝库。

的确，各种规则形式，特别是法律，多数时候只是对自己已然生成的秩序或制度的确认或规范；而从保守的一极，提供可预见性的行为轨道；从而为各项社会活动的运作提供必要的具可预见性与形式化的程序。梁漱溟的见识是高明的，因为大传统如欲下达民间，必以与小传统达成某种最低限度的"共识"为前提。理想的法律亦只是私意妥协后变成的公意，据大家的说法维护大家的活法。如果希望法律生效，立法必须以一般现行生活状态为蓝本。而民国建立以来中国政治的黑暗与社会的失控、人心的散乱等，在梁漱溟看来，都是单纯模仿西式政治的失败。基于这一"最后觉悟"，他便看破了一切西方的把戏，坚定了以儒家为代表的中国文化自救的信心。

在梁漱溟看来，在自己传统的基础上建立新秩序是完全可能的，因为中国人并不缺乏"组织"的能力，问题仅仅在于如何在固有的中国人生与人心的基础上组织和达成这一生活，"所谓行之必有其道，我们究应走哪条道路而已"！梁漱溟的具体思路是：中国人既有生命向上的精神与志气，再通过一些组织形式而努力将其激发出来，便能使他们开始一种崭新的、充满生气的生活。就经济与这种人生的关系而论，便是将经济放在这种人生之中，让人生驾驭经济、支配经济、享用经济，而不是经济支配人生，这就是梁漱溟所倡导的儒家生活的真正意义所在。所以，梁漱溟相信，未来的中国乃至世界，必将以"礼乐"代替"法律"。这里我们必须注意的是梁漱溟所谓的"礼"，乃是一个借用的范畴与概念工具，其具体内涵与中国古代的"礼"无论在价值抑或功能预期上均多有不同，甚至有根本的差别。总之，在梁漱溟看来，中国应在继承传统文化的基础上，借鉴西方文明的某些优秀成果对中国传统文化加以改良，使之适应世界形势的新发展，使人们养成新习惯新能力，从而形成一种全新的生活样法。总之就是"于以往西方法制中国礼俗之外，为人类文化的创新"，形成一种新礼俗，与中国固有文化接上头。

梁漱溟之所以立此志向，实是因为他看到了中西文化因存在诸多捍格不凿之处而找不到调和的地方。"中国之所以乱，所以没办法，就是因为中国人的神情态度与西方人的神情态度得不到调和，彼此之间，很有些距离，找不出一个可以彼此沟通之点。如果西方人那一点能替代了中国人那一点，也无问题；可是西方人的那一点恰好与中国人的那一点矛盾，老是找不出一个调和的地方。"所以，梁漱溟不满足于简单的文化移植这样的天真做法，而力主从营造自家生活的过程中，师法西人用心戮力的用意与匠心，转而根据自家的人生与人心，从解决"中国问题"与"人生问题"这一最高宗旨，打磨出适合自家的游戏规则来。

罗素的一段话显然与梁漱溟的想法很相符合："苟中国之改良家……开创一种较现今更良之经济制度，则中国对世界可谓实行其适当之职务，而于吾人失望之时代，与人类以全新之希望。余欲以此新希望，唤起中国之新少年。此希望非不能实现者。唯其能实现也，故中国当受爱人类者极高之推崇。"罗素这一道德高论对梁漱溟来说如同一颗定心丸，字字拨动心扉，更加坚定了梁漱溟建设新秩序的决心。

我们注意到，梁漱溟所谓的借鉴西方文明主要还是限于形式方面。在乡村建设活动中，梁漱溟发现中国自古以来的一个重要缺陷在于过于散漫，缺乏组织。所以，他一直力图找到一种既能体现人心向上，又能根治中国人散漫恶习的组织方式，以组织农民，培养乡民们的民主意识，使人们更加积极主动地参与到共同事务的决策中来，养成一种共同磋商、共同想办法解决乡村问题的能力。

而在梁漱溟看来，"新秩序"的核心还是加以改良之后的中国传统文化的真精神。也就是说，梁漱溟认为要使中国人的人生与人心问题真正得到妥善的安排，必须建立一种新的"礼俗秩序"，中国人最终还得"过礼俗生活，走情义之路"。

梁漱溟意欲建立的新礼俗秩序，是借鉴西方文明的某些优秀成果对中国传统文化加以改良的结果："中国政治独立所以重要者，非以其自身为最终之目的，乃以为中国旧时之美德与西方技艺联合之一种新文化非是莫由发生也。苟此目的不能达，则中国之独立几无价值可言。"

所以，找到了中国固有精神与西方文化的调和点，中国问题乃可解决。而这一调和点应在构建中国特色的"团体组织"中寻找，即在尊重地方利益与愿望，承认地方自治权的前提下，使地方社会由散漫而入于组织，从而营造"地方团体生活"，以此来纠正中国社会散漫的弊病，使乡民们逐渐养成团体生活的习惯。这种团体组织与西方的组织有极大的不同。梁漱溟认为，西方的组织是机械的，缺乏理性的自觉，人们的行为更多为利益所趋使，彼此的关系是互为利用，而按梁漱溟的说法，我们的各个组织"是纯靠理性的一个组织，靠理性开发出来的一个组织"。

一方面，中国的团体组织不应像西方政治那样强调个人权利。梁漱溟看到西方政治讲权利，有其值得肯定的方面，它能使人的个性得到充分的伸展，权利能得到保障；另一方面，一个人若单纯只讲权利，以权利为一切的出发点，这便是从个人的生活出发而不能体现人生向上的真精神。所以，我们"要把话说得再活动一些，权利不从自己说，义务不从对方说，（这）就可与我们完全相合"。总之，团体中的每一个分子都应认识自己的义务，并尽其义务对集体的事务都为有力的参加。另外，大家在团体中的地位应当一律平等，但这种平等应从大家来说，不从自己主张。而且要维持两个天然不可少的等差：一种是从看重理性、尊尚贤智而来的等差；另一种是从尊敬亲长而来的等差。

这样说来，中国这一团体组织的特点也就很明白了。这个社会组织乃是以伦理情谊为本源，以人生向上为目的，是一个情谊化的组织或教育化的组织，因为其关系是建筑在伦理情谊之上，其作用为教学相长。在梁漱溟看来，它是一个理性组织，充分发挥了人类的精神（理性），充分容纳了西方人的长处。所以，梁漱溟所谓的"礼"绝不是中国古代意义上的"礼"，而是赋予了其全新的内涵。梁漱溟设想在乡村实现"地方自治"或"地方团体自治"与当时流行的和当局策定的"地方自治"或"地方团体自治"亦毫无共同之处。它不强调从个人出发的"权利"和"平等"的要求，而实际指一种承续中国固有精神的地方秩序，以及相对于政治国家的民间社会的发育，是整个民族为应对新的生存环境所做的生活样法与人生态度的重大调整，以组成现代的民族国家为旨归。

第二节　梁漱溟乡村建设理论社会学史维度评价

一、梁漱溟乡村建设思想是中国社会学发展过程中的本土思想资源

社会学产生于欧洲，后传入中国。在社会学传入阶段，中国正面临着严重的民族危机。从中国社会学史看，社会学与时代紧密联系。我们在强调社会学传入和自身发展与时代的紧密关系的同时，更应注意到，中国社会学在最初的传入和发展过程中与中国传统文化思想的结合。当时社会学传入中国，一方面是社会改良的需要，另一方面是因为社会学的思想与中国固有的社会思想有共融之处，所以能根植于中国的土壤里。中国社会学在其发端之初就承继了中华民族文化传统中的学术精华。因此，中国社会学不仅仅是一种外来的学科，它还有中国文化思想的本土根源。在中国早期社会学发展过程中，梁漱溟作为拥有极深厚传统底蕴的思想家，其思想尤其是乡村建设思想成为中国社会学发展中重要的本土思想资源。

梁漱溟的社会学思想注重社会结构和制度，通过中西比较，阐明了中国社会的基本特点。中国社会是"伦理本位，职业分立"社会，其特殊的社会结构决定了中国社会的稳定性。中国社会，国与家一体，社会秩序靠的是伦理维系，而不是法律；中国社会因为土地的自由买卖、科举制度在社会流动中的作用等没有形成阶级对立的情况，因而中国社会只有一治一乱的王朝更替而没有社会革命。然而近代以来，西方国家的入侵及西方文化的输入，中西文化冲突中，中国文化的失调，使中国社会成了东不成西不就的社会。社会结构是文化的精髓，因而梁漱溟认为中国的社会问题是文化失调，表现为中国传统社会结构的解体，中国的出路在于建立新的社会结构。中国社会与西方社会比较，中国自古注重家庭而没有团体组织，所以梁漱溟设想的建立新的社会结构就是建立新的社会组织，重新整合社会资源，重建社会秩序。梁漱溟对于中国社会的判断，尤其是对中国社会"伦理本位"的判断，不仅在当时，在当代社会中仍有解释力。

梁漱溟认为中国社会是乡村社会，家庭是社会的最重要组成部分，中国人极重视家庭关系，维系社会运行处理人与人之间关系不是依靠法律而是靠礼俗伦理等观点，在后来的一些社会学者的思想理论中仍可以看得到。费孝通在其著作《乡土中国》中认为，中国社会是乡土社会，西方社会中人与人间关系是团体格局，家庭在西方社会是界限分明的团体。但在中国"家"是伸缩自如的，在费孝通看来中国的"社会结构本身和西方的格局是不相同的，我们的格局不是一捆一捆扎清楚的柴，而是好像把一块石头丢在水面上所发生一圈圈推出去的波纹。每个人都是他社会影响所推出去的圈子的中心。被圈子的波纹所推及的就发生关系。每个人在某一时间某一地点所动用的圈子是不一定相同的。中国社会结构的基本特性是从自己推出去和自己发生社会关系的那一群里所发生的一轮轮波纹的差序。乡土社会建立在血缘基础上，其运行靠的是礼治而不是法律，是长老统治"。费孝通与梁漱溟对于中国社会的判断有许多共同之处。例如，其一，他们都以西方社会作为坐标，进行中西方社会的比较，共同认为中国社会是乡土社会，这是中国社会的本质。其二，共同认为中国社会缺乏像西方社会那样的团体组织，忽略了个人，要建立现代社会就需要把中国人组织起来，建立团体组织。其三，都重视家庭在整个社会中的重要作用，中国是以血缘关系建立起来的社会。因而维系社会中人与人关系的是人伦、伦理，维系社会秩序的是礼治、礼俗而不是法律。

同时，二者也有许多不同之处。例如，其一，费孝通认为中国社会人与人间关系是以"己"为中心，"像水的波纹一般，一圈圈推出去，愈推愈远，也愈推愈薄"，人际间关系有亲疏、厚薄。梁漱溟虽然也认为人际间有亲疏、厚薄，但他更强调人与人之间几乎无差的情谊和义务。他非常推崇这种关系。其二，费孝通认为中国人"从己到家，由家到国，由国到天下，是一条通路"。而梁漱溟在对中西国家进行比较时，认为"中国人心目中所有恒为家庭天下二级"，"中国的国家不像国家或远不是国家"。其三，费孝通在谈到礼治时说"礼并不带有'文明'、或是'慈善'、或是'见了人点个头'、不穷凶极恶的意思。礼也可以杀人，可以很'野蛮'"。梁漱溟在谈到礼时，言"礼"必"本乎人情"，更多看到的是礼俗温情的一面。对比二者不同之处看出，其不同之处正是费孝通先生所倡导要建立的现代社会与梁漱溟先生所要建立新礼俗社会不同的根源所在，前者走向了现代，而后者回归了传统。包括费孝通在内的许多中国学者在对中国社会进行观察和分析时，都有梁漱溟对中国社会判断的影子。即使当代社会学者在研究中国社会时仍然不能忽视其伦理特质。梁漱溟以社会结构为视角对中国社会的研究，形成的乡村建设思想，成为后来中国社会学在认识中国社会和解决中国社会问题时的本土思想资源。

二、梁漱溟乡村建设思想在社会学本土化中的作用

（一）社会学本土化内涵

"社会学中国化"或表述为"社会学本土化"是包括社会学在内的所有西方近代学科和文化在非本土传播过程中所面临的一个普遍性问题。从社会学史看，社会学在近代西方文化和社会背景下产生，有着深深的西方文化和时代烙印。学者叶启政在《社会理论的本土化建构》著作中说："西方社会学无论是理论还是研究方法，都已被证明负载着特定的文化蕴涵与历史期待。"所以，社会学在其他国家引进和传播的过程中，由于文化和观念的差异性，社会学不能直接应用于其他国家的现象分析和问题解决，作为外来学科传入的社会学，在输入国大都经历了一个社会学本土化的历程。同时，因为不同输入国的文化、历史背景和面对问题不同，社会学在与具体的国家实际相结合时，为了更能增进对本土社会的认识和在本土社会的应用，形成了具有本土特色的社会学理论和方法。

本书正是从社会学史的角度，定义社会学本土化的内涵，并认为从社会学传入和发展的历史角度看，社会学本土化具有必然性。郑杭生在《社会学中国化的几个问题》一文中定义："所谓社会学本土化是一种使外来社会学的合理成分与本土社会的实际相结合，增进社会学对本土社会的认识和在本土社会的应用，形成具有本土特色的社会学理论、方法的学术活动和学术取向。"郑杭生在《论社会学本土化的内涵及其目的》中指出："社会学本土化的目的，就在于通过使外来社会学的合理成分与本土社会的实际的多形式结合，以增进社会学对本土社会的认识和在本土社会的应用，形成具有本土社会特色的社会学理论和方法。"梁漱溟从发表《东西文化及其哲学》开始，凭着极深厚的传统底蕴，成为社会学本土化过程中凭依中国学术传统开展社会学研究的代表人

物。在 20 世纪三四十年代，他以本土社会的基本结构、机制等作为研究的突破口，乡村建设思想逐步成熟，在社会学本土化运动中做出了重要贡献。

（二）梁漱溟乡村建设思想在社会学本土化中的作用

首先，梁漱溟乡村建设思想是具有本土特色的社会学理论，增进了社会学对中国社会的认识。梁漱溟乡村建设思想是社会学本土化过程中，立足于中国特殊社会，根源中国传统文化，对中国社会独具解释力的社会学思想。他从中国文化的特殊性出发提出的中国是"伦理本位，职业分立"社会，也一定程度反映了中国社会的伦理特质；他将中国问题归为"文化失调"问题，是在当时社会大背景下，知识界对中国社会出路探寻而引发的文化大讨论下得出的结论；梁漱溟希望通过乡村建设解决中国问题，复兴中国文化等乡村建设思想，有其理想不现实的一面，但形成的具有本土特色的社会学理论也是社会学本土化的目的之一。

其次，梁漱溟乡村建设思想是中国社会学理论体系的重要内容，促进了社会学本土化。梁漱溟的文化观、中国特殊社会结构理论、文化失调论，以及所进行的社会实践，都是中国社会学理论体系中的重要内容。从社会学的分支学科农村社会学、教育社会学、文化社会学等的具体内容看来，梁漱溟对农村、文化、教育等进行的思考，都成为后来社会学者研究中国社会学思想所不能忽视的内容。他以社会整体观的视角将这些不同方面综合起来考虑，以中国传统文化和传统社会为出发点，对比西方文化和社会，并立足中国社会现实，增进了对中国社会认识，促进了社会学本土化。

最后，梁漱溟乡村建设思想体现了社会学本土化过程中，中国社会学与西方理论间的关系。中国社会学是在外来社会学与中国社会现实和自身文化的结合过程中逐步形成的，梁漱溟乡村建设思想体现了这种结合。而且，因为梁漱溟作为中国传统文化的积极倡导者和拥护者，他对中国传统文化虽有批评，但更多表现了一种喜爱之情。在此感情基础上，我们在看梁漱溟乡村建设思想中对中国社会改造、中国社会问题解决等方面不仅来自对西方文化和社会的理解，更有他对中国传统文化和传统社会的喜爱，因为这种喜爱而使他对西方文化和社会的理解不够深入。这种不够深入的理解，也注定了他所倡导的运用西方文化中"科学技术，团体组织"复兴乡村运动的终有如愿。因而，在中国社会学本土化过程中，梁漱溟对西方文化不够深入的理解和对中国文化的偏爱，恰为社会学本土化过程中，正确处理中国社会学与西方理论间的关系，提供了侧面的例子。

（三）梁漱溟与孙本文在社会学中国化过程中的异同比较

为了更好地理解梁漱溟及其乡村建设思想在社会学本土化过程中的作用，我们将梁漱溟与孙本文进行比较，因为梁漱溟是"奠基于传统文化的中国本土派社会学"的代表人物；孙本文是西方社会学理论在中国传播与发展的代表人物。比较二者，我们可以更清楚地看到，二者为促进社会学本土化，为中国社会学早期的发展所做的贡献。

首先，二者共同点：

（1）都重视对中国化的社会学理论体系的建构。梁漱溟从中西方文化观出发，认识中国社会，进而认识中国社会问题，并提出解决中国问题的乡村建设方案，形成乡村建设思想理论体系，是中国社会学思想的重要内容。孙本文将"社会行为"确立为社会学研究对象，从研究对象出发进一步提出与社会行为有关的五个问题，根据这五个问题，形成了整个社会学理论体系。在建构中国的社会学理论体系方面，二者都做出了积极的贡献，直至今日，二者的理论仍有影响。

（2）都注重社会整体观，寻求中国社会的出路。梁漱溟与孙本文一样都希望通过对中国社会、中国社会问题的认识，来为中国寻求出路，寻求到强国富民之路。二者在寻求救国之路过程中的认识始终是一种整体的观点。梁漱溟认识到中国社会问题的复杂性，因此主张要从政治、经济、文化等方面共同解决中国问题。要解决中国问题首先要从乡村开始走乡村建设道路，这条路不是仅仅在于解决农村问题，最终目的是对整个中国社会问题的解决。孙本文作为社会学综合学派的代表，也把社会看作一个整体，认为因为社会现象的复杂性，必须从多方面进行综合研究。社会整体观点体现了当时社会学者从中国现实出发认识中国社会的观点。

（3）都重视文化因素。梁漱溟与孙本文都认为中国社会的问题都是文化失调的问题，是因为外来文化入侵所造成的文化失调，因而引起中国社会的剧烈变迁。孙本文认为"文化为社会成立之要素，它对人类行为有强制的作用。无文化即无社会"。并认为，"社会变迁实即文化变迁，社会问题之发生由于文化失调所致"。二者对于文化的认识和重视，对中国文化社会学的形成和发展做出了贡献。

其次，二者不同点：

（1）与孙本文明确提出"建设一种中国化的社会学体系"相比，梁漱溟在社会学中国化过程中并没有非常明确的要求。这是因为梁漱溟没有接受过社会学专业学习，而且由于他不仅是一位社会学家更是一位思想家、哲学家，他的研究领域更广阔一些。而孙本文作为职业社会学家，具有良好的社会学学习背景，在其著作中"提出了理论社会学中国化与应用社会学中国化应当努力的几个方面，非常详细、具体"。因而从社会学学科的角度看，孙本文的社会学中国化的目标和任务更明确。但是二者在社会学中国化方面都起到了积极作用。

（2）从社会学中国化的理论来源看，二者的贡献不同。梁漱溟作为中国重要思想家，对中国传统文化的研究，尤其是其乡村建设思想，是中国社会学在形成中的重要本土思想资源。孙本文直接引进西方和东洋的社会学，翻译了14种世界社会学名著，其中译自美国的6种、英国的2种、法国的1种、日本的5种。运用西方社会学原理，分析、研究中国社会问题，形成自己的中国化社会学理论体系，这也是他一生主要的业绩之一。孙本文以欧美社会学家的理论为框架，填充收集有关社会的历史与现实资料，创建"中国化"的社会学体系。他在中国社会学形成过程中，是西方社会学思想来源方面的代表人物。

（3）梁漱溟在中国早期社会学时期是乡村建设运动的倡导者，更注重社会改造，将社会学理论应用于社会实践，贴近中国社会，寻求问题的解决。孙本文则是以高等学校为其活动中心，很少深入中国社会的方方面面，运用社会学理论与方法，做实地的调查研究。孙本文虽在复旦大学、中央大学等学校讲授过社会调查课程，并印有讲义，也领导和组织过学生开展社会调查，但毕竟是很少的。孙本文虽然著作等身，但终究没有一本实地研究专著。因而在对社会学中国化方面一个更注重理论的运用，一个更注重构建社会学理论体系。

通过对梁漱溟与孙本文的比较，可以看出，在当时具有不同背景的知识分子，积极寻求救国之路，为形成有中国特色社会学做出了贡献。乡村建设思想作为梁漱溟社会学思想的主要内容，促进了社会学本土化，是中国社会学思想的重要内容。

三、梁漱溟乡村建设理论在中国早期农村社会学发展中的作用

20 世纪中国社会学的一个突出内容和成就表现在农村调查与农村社会学研究领域。梁漱溟等人领导的乡村建设运动是 20 世纪中国农村社会学关注的亮点之一，他所提出的乡村建设思想和领导的乡村建设运动对农村社会学发展起到促进作用。有学者称梁漱溟、晏阳初等为中国早期的乡村建设学派的代表，其原因在于他们领导的乡村建设运动，不是一般的社会运动，更有一定的理论指导，这场运动和基本理论在农村社会学发展史上占据一席之地。

梁漱溟认为，中国是一个集家而成乡，集乡而成国的社会，乡村体现了中国社会的基本特征，是中国文化的根。因而中国问题的解决和中国社会、文化的复兴，不能像西方那样优先发展城市和工业，而应根据自己固有文化和社会特点，进行乡村建设。乡村建设的主要内容：①乡村建设应注重乡村和农业发展，通过农业引发工业，工业促进农业，达到农业和工业、城市和乡村共同发展之路。②乡村社会组织的建立，要实现乡村社会的建设，其内容包含了政治、经济、文化等许多方面，这许多方面都需要在农村中建立各种组织。梁漱溟乡村建设思想中非常重视"团体组织"的建立，这四个字也是他进行乡村建设运动的主要内容之一。③乡村建设的目标是要建立一个新的礼俗社会，这

个社会以伦理关系为其主要社会关系，人们之间的关系是弹性的、有情谊的，彼此间是有义务的关系。社会运行依靠的是教化和礼俗，而不是强制和法律。④乡村建设依靠力量是农民和知识分子的结合，二者缺一不可。梁漱溟乡村建设思想强调中国农业社会的特殊性，将农村社会和农民问题看作是中国问题解决的关键，重视农业的基础地位，以农业发展带动工业发展，积极建立乡村社会组织，以建设乡村社会，协调城乡发展，建成一个新的礼俗社会，这些是梁漱溟乡村建设思想对中国农村社会学发展的贡献。

　　梁漱溟乡村建设思想和乡村建设实践内容，也正是当时中国农村社会学深入研究的主题。所以，杨建华在《与现代化互动二十世纪中国社会学的发展主潮》一文中认为：从其思想和实践上看，是"非学科化的社会研究的典型"促进了中国社会学的发展，丰富了中国社会学的内容。乡村建设运动为社会学家理论创新提供了一个辽阔的社会背景和丰富的社会素材，为农村社会学本土化从理论到实践进行了有益的尝试。梁漱溟等的乡村建设思想和实践，在当时引起了社会学界中很多人的关注，引发了社会学界的对中国出路的大讨论，支持他们的人和反对他们的人的思想和观点激烈碰撞，在客观上都促进了中国社会学发展。由此看出，梁漱溟乡村建设思想和实践的意义远远超出了农村社会学的界限。

第三节　梁漱溟与费孝通乡村建设理论比较研究

一、梁漱溟、费孝通乡村建设思想的不同之处

（一）对农村根本问题的判断不同

1. 梁漱溟：文化失调

梁漱溟认为，中国根本症结是极严重的文化失调。中国有识之士学习西方

技术、制度、文化、思想，结果非但无济于事，反而改变了自身的文化基础，引起国民对自身文化的厌弃和反抗。这缘于东西文化存在差异。刻意效仿西方而抛开本国固有精神是行不通的。而"自救"造成了传统伦理本位的中国社会遭到破坏，人际关系变幻无常，社会风气因此改变。职业分立的社会也遭到破坏，出现资本垄断，社会流动不畅，使中国陷入"东不成，西不就，没法子相安状态"。其中，文化失调的直接表现就是乡村崩溃。文化是无形的根，乡村是有形的根，根部开始动摇和腐朽，"皮之不存，毛将焉附"。

2. 费孝通：经济瘫痪

费孝通同样认识到了文化变迁带来的问题，如中国乡村传统双轨政治失效、社会损蚀、小农经济瘫痪。在《损蚀冲洗下的乡土》一文中，费孝通写道，"在过去的百年中，中国的乡土社会中原有的习惯、制度、道德、人才都受到冲洗"。但通过对多地农民生活的实际考察，他认为农村最根本的问题在于经济瘫痪，"真正问题是人民的饥饿问题"，是"农民收入水平低，不能满足基本温饱生活的生存问题"，而不是文化问题或人生伦理问题。

费孝通指出，农村经济瘫痪的表面原因是土地问题。农村人多地少，苛捐杂税、高额地租和高利贷等沉重的经济负担让农民生活难以为继。但实际根源在于受西方机器大工业冲击，国内乡村手工业开始衰落，进而引起土地矛盾激化。中国农村传统的经济模式是"男耕女织，农工相辅"，乡村手工业使农业得以维持庞大的农村人口。手工业一旦沦为"不可救药"的地步，就会导致农民陷入"饥饿"之中。费孝通以受现代工商业影响较早的开弦弓村为代表，说明了传统手工业的兴衰对农民生活的严重影响。蚕丝业是开弦弓村农民的第二主要收入来源。费孝通《江村经济》描述道："缫丝工业兴旺时，一般农户靠生产生丝可收入约 300 元，除去成本费用可盈余 205 元。这种情况下，生活水平要比预期最低水平高很多。到 1934 年，生丝价格大幅下降，一般农户仅获利 45 元，这时所获利益便不能维持家庭正常开支预算。因此很多人不得不在冬天出售存粮，夏天到粮店借粮来维持生计。往往紧急需要时，就必须向高利贷者求援。"虽然"不能说乡村经济的崩溃全是由于手工业的衰落，但乡村经济的破坏，土地权外流，农民的部分失业，自然是乡村不安和政治扰乱的原因"。不仅如此，自从中国进入世界市场后，全国手工业不断萎缩，1931 年，洋货进口量比 1911 年增加 3 倍左右，自给自足的日用品被洋货替代，本国手工业品输出大幅下跌，造成传统手工业日渐式微。费孝通由此在《人性和机器》中感慨"我们经济已患了一种绝症，农业本身养不活农村所有人口，作为副业的手工业因西方工业的扩张而沦为不可救药的境地，也就等于农村经济没有了希望"。乡村工业的危机使农民收入减少，进而引起乡村的崩溃也是不可避免的。

（二）对世界发展趋势的认识不同

1. 梁漱溟：中国文化复兴是世界文化发展趋势

中国现代化思想运动的一大特点是从文化层面探讨中国出路问题，以文化作为理解和分析问题的起点和归宿。对于是否应该抛弃传统，迎接新的时代，梁漱溟的回答是否定的。他大胆预言在"取彼之长、补我之短"的基础上，"世界未来文化就是中国文化的复兴"。在《东西文化哲学》中，梁漱溟通过以"意欲"为起点的"文化三路向"理论说明中国文化已得到复苏的契机。梁漱溟后来又在"文化三路向"理论基础上提出了"世界文化三段论"，即人类文化的发展一般会依次经历西方文化、中国文化、印度文化三个阶段。要想在实现物质丰富的同时而不陷入精神的迷失，就应该从人与物质关系的时代转入人与人关系的时代，即第一路向转变为第二路向。为此，他预言中国文化的复兴才是世界文化的发展趋势。梁漱溟把中国文化纳入世界文化体系，赋予其普世价值，认为中国文化是人类文明的理想归宿，中国贡献给世界的人类文明是"人生向上、伦理情谊"的民族精神，世界要谋求和平必须借助于这一精神的萌发。

2. 费孝通：经济工业化是世界经济发展主流

费孝通并不认为历史文化的发展将会朝着东方或西方某个具体方向发展，

世界的大舞台应该是"百花齐放"，趋向求同存异、多元共融的全球化方向。同时，全球社会结合的过程中，工业化是一种现代化方向中的共同进程。所有近代以来的社会变迁和社会结构转型都是由于工业化所致。早期发展经济学家也普遍认为工业化是现代社会变革的动力，主张发展中国家通过工业化来寻求出路。

在开弦弓村考察时，费孝通认识到，开弦弓村和大部分农村一样经历着巨大的社会变迁。费孝通在《中国士绅》中描绘到，"世界各国都在迈向现代化，我们也不例外"，"机器时代给中国带来了现代化，中国也被迫纳入世界一体化的社区"。中国继续独善其身，过采菊东篱下，悠然见南山的田园牧歌生活已变得不可能。社会变迁的过程就是农业文化和工业文化的变迁替易。在中国文化里，安分守己、知足常乐的价值观念与传统经济相配套，《乡土重建》中说道，"维持这套生活方式的价值体系是不能帮助我们生活在这个新的处境里了"，"已经工业化了的西方旁边，决没有保持匮乏经济在东方的可能"。世界经济新秩序被西方工业文明所主导，中国要想在世界之林中保留一席之地，就必须"逐渐脱离原有农业处境的生活方式，进入自工业革命后在西方所发生的生活方式"。当然，资本主义机器大生产模式只是现代化的一种可能方向，我们可以结合自身国家现实和特点，重建中国人民赖以生存的工业气，这就是费孝通为顺应世界发展潮流寻找到的中国发展模式。

（三）路径选择不同

1. 梁漱溟：文化转型——以农立国

基于对东西文化差异的这种认识，梁漱溟指出要借助思想文化医治中国的"病根"，重建新的社会构造和新的礼俗社会，才能"开出新道路，救活老民族"。如何实现文化自救，他选择了第三条道路，即通过文化转型走乡村建设道路，着眼于文化改造进而带动政治、经济改造来解决整个中国问题。他设想的乡村建设路线就是以农业发展为基础，促进工业、科学技术、流通金融、合作组织的兴起和国家工业化的实现。梁漱溟反对以工业救济乡村。他认为，工业不能脱离农业而单独发展，必须通过刺激农村购买力带动工业方面的需求，才能促进工业兴起；只有构建为消费而生产、不以营利为目的的社会化新经济组织，才能不重蹈欧美国家出现的城市掠夺乡村、贫富悬殊、人情冷漠的覆辙。至于政治上可行的办法，梁漱溟认为，"政治制度不能寄于宪法条文，而是托于政治习惯"。要培养政教合一的乡村自治组织，促进团体分子参与公共事务，培养民主习惯，形成地方自治进而为国家民主政治奠定基础。总之，梁漱溟把创造一种以理性和伦理为基础的新组织构造作为经济、政治、社会改造的行动起点，认为这既契合中国文化特性，又能解决中国问题。山东邹平、菏泽等乡村建设实验正是他这种文化改造理想的实践尝试。

2. 费孝通：经济转型——以工立国

梁漱溟把中国政治问题、经济问题的根源归于社会组织结构的崩溃解体，把乡村建设路径归于文化重建，建议从社会结构本身出发解决问题。费孝通则把研究重心放在了经济问题上的乡土重建。对于当时学术界激烈探讨的"以农立国"或"以工立国"的经济出路之争，费孝通并没有参加具体论战，他认为社会形态的变迁并不是按照一定的"铁律"，不赞同排斥城市工业文明的"以农立国"理想，不认同以都市文明为中心的西方之路，也不认为文化教育救国道路能立竿见影。

费孝通指出：①单纯依靠农业发展的效果杯水车薪。农业中国就意味着饥饿中国，土地利用价值已经达到边际，仅仅依靠土地生产不能养活农村人口，通过农业技术革新复兴农业也不大可能，分散的小农经济会大大限制改良技术的效用。总之，平均地权、扩大农场、改进技术，都远远不能救济"饥饿的中国"。②西方都市工业化反哺农村的道路不可求。他认为学者吴景超提出的通过发展都市工业吸纳农业人口的主张是不现实的。美国用了长达60年才把农业人口占全国人口比例从80%降至40%；中国人口基数庞大且持续增长，都市工业吸纳剩余劳动力有限。发展都市工业不会太大改善农民生活境遇，却可能损害城市工人利益，破坏乡村社区的完整性。③文化教育手段远水解不了近渴。费孝通认为，以往的乡村建设尝试如晏阳初倡导的平民教育运动，偏重于文化教育、卫生方面，但文化卫生层面的改造不是一朝一夕就能收效，不能解决农民眼前的现实问题。

费孝通通过分析中国农村经济结构和乡村建设的其他路径认为，在一个人多地少的国家里，要想提高农民的生活水平，重点应放在发展生产事业，而工业在发展生产中最易见效；工业下乡，以工业救济农村，从经济上翻身才是乡土重建的最有效抓手。一方面，发展乡土工业与发展农业并不冲突；以工助农，兼顾了农业和手工业发展，既可以吸纳农村剩余劳动力，又能增加农民收入。另一方面，乡土工业与都市工业并不矛盾，农民亦工亦农，离土不离乡，不仅不会给城市带来巨大的人口压力，还有利于缩小城乡差距，促进城乡共同发展和经济社会协调发展。相对于都市机器文明，乡土工业保留了乡土社区和个体人格的完整性，在发展经济的同时，有助于协调社会关系，避免出现人被异化的工业发展问题。正是基于这些认识，费孝通主张把发展乡土社会作为乡土重建的基点，把农民从土地的束缚中解放出来，把手工业从农村中分离出来，通过经济转型为农村现代化道路奠定经济基础。

（四）路径结果不同

1. 梁漱溟：成效不彰

梁漱溟称自己是"有思想，又本着思想而行动的人"。他确实是一位本着自己思想身体力行的社会改造运动者。梁漱溟从北京大学辞职后，到山东曹州考察办学。后来南下广州开办乡治讲习所。1929年，到河南辉县筹办村治学院，从事乡村自治实践。1931年10月，辗转至山东邹平筹办乡村建设研究院。山东乡村建设研究院是当时中国乡村建设运动中最有影响的组织之一，作为乡村建设的问题研究中心、人才培训中心及工作指导中心，以邹平县为乡村建设实验区，后增设菏泽、济宁地区。1931～1937年在培养乡村建设人才、推广农业技术教育、发展合作组织、流通农村金融、改良社会风气、改善农村公共基础设施等方面取得了一定成绩。但随着全面抗日战争的爆发及山东沦陷，乡村建设研究院解散，山东省继任主席沈鸿烈撤销了一切乡农学校，恢复区保甲制度，乡村建设工作基本结束。实际上，在此之前的乡村建设实验已困难重重。社会学家陈序经也提出批评，救济乡村农民的目标变成了救济工作人员，即使是在实验区范围内的工作，物质方面少有建树，精神方面也固少改造。乡村建设运动路径终究未按照梁漱溟的设想铺设开来，他拯救农村、复兴民族的初衷未能实现。可以说，梁漱溟的乡村建设实践成效不彰，是一场未竟的社会改造实验。

2. 费孝通：成为现实

费孝通一直把自己定位为学者，而不是实业家和社会活动家。他早年接受过实地研究方法训练，在燕京学派"到实地去"的影响下，立志从中国实际生活中探求新知并终其一生予以实践。为此，费孝通并未像梁漱溟那样将发展乡土工业的构想付诸乡村建设实验，而是把主要精力投入到农村实地调查。1935 年，他和妻子王同惠在广西大瑶山进行民族调查。1936 年，返乡休养期间，对江苏省吴江市开弦弓村进行了为期 1 个多月的调查，并根据这次调查结果写出博士毕业论文《江村经济》。1938 年，从英国学成归来的费孝通在云南大学和西南联大任教，对发展层次和类型不同的云南农村（易村、禄村、玉村等）进行比较研究，积累实例，和张之毅合作写成《江村经济》的续篇《禄村农田》《易村手工业》《玉村农业和商业》，被称为《云南三村》。20 世纪 40 年代后期，他又在前期调查研究基础上整理讲义，完成描述中国乡土社会特征的著作《乡土中国》《乡土重建》等。

当时，动乱中的中国并没有给予从容改造工业结构的空间。但一种符合社会内在机理的思想随着外部条件的具备，有可能从设想变成现实。新中国成立前后，中国共产党着力变革农村土地制度，废除封建土地所有制，解放农村生产力。改革开放后，推广家庭联产承包责任制，更是进一步释放了农村发展活力，为发展乡土工业创造了有利条件。"青山遮不住，毕竟东流去"，费孝通乡土工业思想开始成为社会共识并在实践中得到检验，突出的表现就是乡镇企业异军突起。邓小平在《改革的步子要加快》讲话中说："我们完全没有预料到的最大收获是乡镇企业的发展，突然冒出多种行业，商品经济、小型企业异军突起。"《三访江村》记载，费孝通在访问江村后认为，"江村改变了农村经济结构，实行了多种经营方针，发展多种多样的副业，农村全年平均收入居全国前列"，并感慨"虽不能说中国所有农村发生同样的变化，但也说明这是共同趋势"。乡镇企业的发展使费孝通发展乡土工业的愿景变为现实，农村面貌的巨大变化验证了这一思想的科学预见性。乡土工业思想也成为他陆续提出小城镇思想、区域发展思想的一脉相承的源头。

二、梁漱溟、费孝通乡村建设思想的相似之处

梁漱溟和费孝通，前者是新儒家学派的代表，主张文化复兴救国，后者是学院派代表，提倡乡土工业富民。二人的学术风格不同，探索路径不同，但他们兼怀知识分子济世救民的情怀，深入民间，基于对中国传统社会特征和西方工业文明流弊的认识，艰苦探索既适合传统中国土壤又规避西方文明流弊的良方，致力于救济乡村，又寻求乡村现代化的生长点。当然，在缺乏政治制度变革和民族独立的前提下，不论是文化改良还是经济改良，都不可能实现民族复兴，梁漱溟和费孝通的理论和实践探索都没有成为当时的社会主旋律。

（一）共同的问题意识和人文情怀

梁漱溟和费孝通不是为学问而做学问，为研究而做研究，而是以"认识旧中国，建设新中国"为己任。强烈的问题意识促使他们自觉地关切乡村的苦乐痛痒。二人以乡村为切入点，一直立足乡土，切中乡村问题根源。他们"开眼看世界'，始终以全局眼光关注整个国家命运，为乡村建设和整个民族复兴执着地追寻出路。诚如梁漱溟自称"不是学问中人，而是问题中人"，他一生在"人为什么活着"和"中国命运何去何从"的问题上用心不已。他认为，民族自救"一味模仿外国不行，而须以自家历史背景和社会现实为基础，从自己问题的烦闷处寻找答案和出路"。费孝通从东吴大学医学预科转学社会学，就是感到解决社会问题不同于治愈身体疾病，要认识中国症结，必须认识农民生活和农村经济。他游学东西，足迹踏遍大半个中国，就是依据中国国情研究中国社会，寻找问题症结和解决途径。

　　他们都不是出身农村，却一生躬身致力于乡村建设事业，关切民众利益。梁漱溟兼怀儒家救世抱负和佛家慈悲之心，思想几经转变，却终"不住涅槃，不舍众生"，强烈的责任感和使命感使他放弃在北京大学任职的优厚待遇，先后到曹州办学，南下广州筹办乡治讲习所，北上河南筹办村治学院及在山东邹平创办山东乡村建设研究院，为社会本位的理想社会奔走疾呼。费孝通的整个学术生涯同样牵系农村脉搏，用一生践行"志在富民"的矢志，为寻找解决中国农民生活痛苦的根源尤其是饥饿问题东奔西走、取证南北。正是从这种强烈的现实关怀出发，他提出发展乡村工业的出发点正如他的《乡土重建》中所说"不是为了工业着想"，而是"为这几千万的农民着想，为黎民百姓达到不饥不寒的小康标准着想"。农村危机、农民困苦牵动着二人心弦，他们的一生无不贯穿着谋求社会进步和人民生活幸福的价值追求，无不体现着以民为本的人文情怀和以天下为己任的社会责任。

　　（二）对传统文化和社会结构的基本认识相同

　　梁漱溟和费孝通对乡村问题的内在认识逻辑都是基于对中国传统文化和社会结构的分析。梁漱溟认为文化就是"一个民族生活的样法"。费孝通对文化的理解与之相似，《乡土重建》认为，文化是"一个团体为了位育处境所生成的一套生活方式"。他们从文化本位角度认识中国社会，对传统社会结构的判断也有相通之处。梁漱溟指出，中国传统社会结构的特征是"伦理本位、职业分立"。相对于西方的个人本位和苏联的社会本位而言，中国社会是以彼此关系为重的伦理本位。费孝通则用"差序格局"来概括中国传统社会的基本结构特征。他指出，我们的格局不同于西方的界限分明的"团体格局"，差序格局强调的同样是伦理，"伦也，水文相次有伦理也"，伦就是差序，亲疏厚薄重在分别。从运思逻辑来看，梁漱溟和费孝通都是以中西比较的视角分析中国乡土社会的本质。西方强调个人本位和团体生活，中国重视伦理本位和家族生活。在实质内涵上，二人都深刻认识到中国传统社会具有一套特有的文化系统，即以伦理关系为纽带，依靠礼治而不是法治，依靠道德而不是宗教。

尽管梁漱溟和费孝通对待本土文化的态度存在差异，前者对其推崇赞誉，认为"中国文化是人类文明的理想归宿"，后者视其为现代化的阻力，指出"知足安分守己的生活态度让技术停顿，社会静止的局面不断恶性循环"，但他们都肯定儒家文化对稳定乡村秩序的重要作用，也敏锐地认识到原有的内部机件（文化或经济）不能继续维持社会大机器的良性运行，必须变革部分要素才能适应社会结构的整体变迁。因此，前者主张文化改造以求与社会结构的融合，后者注重经济转型以求与社会结构的配套，以求与现代文明的社会结构相适应，实现社会秩序的重组与稳定。

（三）对传统和现代化关系的反思相同

在西方文明浪潮的冲击下，梁漱溟和费孝通都不是顽固的守成主义者。他们认识到了都市文明对中国传统社会的破坏，同时肯定工业化对实现国家现代化和民族复兴的重要作用，注重吸收西方现代文明的精华。梁漱溟主张以农立国，但他并不反对发展工业，认为"中国的兴亡系于能否工业化"，只是要从农村农业入手，进而实现工业化。费孝通提倡引进西方先进技术，发展乡土工业，以工助农，实现乡土重建。二人在具体策略上虽有分歧，但都主张学习西方先进的科学技术和合作组织。

梁漱溟和费孝通也不是盲目的拿来主义者，他们都有难能可贵的超越性反省意识。在西化潮流风靡之时，他们深刻洞见到西方现代性带来的物欲横流、人格异化、乡村被遗弃的后果。梁漱溟在没有亲自经历和体会工业文明的背景下，就敏锐地觉察出现代化与人性的冲突。费孝通也看到现代技术在中国社会已开始发生破坏社会完整的力量，西方机器文明不仅会造成人的异化，还会销毁社区生活的完整性。在寻求中国现代化道路的运思上，他们也有共通之处，认为中国不是一张白纸，想画什么颜色就着什么色，都主张在学习西方的同时要融合本国的传统基础，扬长避短。梁漱溟指出，对西方文化只能既吸引又排斥，对中国传统文化应该既排斥又再创造，乡村建设的路径是"老树开新芽"。费孝通强调，传统力量与新的动力是同样必要的，可在旧传统工业的社会机构中去吸收西方技术和动力，发展本土化的乡土工业，重组传统农副经济结构。

可以看出，在现代性与传统性的互动框架内，梁漱溟和费孝通都没有陷入"全盘西化或固守传统"的单一思维模式。他们一直在寻求中国传统社会与现代化的融合和嫁接，既不对传统内容抱残守缺，也不对西方现代化道路盲目排斥，而是用批判的眼光吸取西方现代化的合理性内核，规避其诸多病态，努力挖掘本国优势，寻找现代化进程中的中国化方向，可谓是对传统和西方现代性观念的双重反思。

（四）都重视乡村建设的内生性动力

乡村建设的根本目标不仅要"救济乡村"，而且要使乡村获得自我发展的内在能力。梁漱溟说："与其说是乡村建设，不如说是乡村生长。"梁漱溟和费孝通的乡村建设思想都注重培育农村和农民的内生动力，挖掘乡村社会自身潜力。

农民自身的主体性和自觉性是乡村建设的根本力量。梁漱溟认为，农民自觉是解决乡村问题的基本条件，"自助者天助也"，"乡村问题的解决，天然要依靠乡村自立自为，农民自己振作，自己负责，多想办法"。外力的救助只能解决一时的问题，"授之以鱼，不如授之以渔"。乡村社会只有内部具有生命力，再加上外界的"营养肥料"，才能变得更加"枝繁叶茂"。费孝通也指出，真正的生产力蕴藏在农民中间，农民自身蕴含着"创立家业"的内在动力，只有他们自己掌握资本、创造资本，才能最大限度地增加收入和改善生活。

农民和知识分子的结合是乡村建设的长远之计。梁漱溟认为知识分子是乡村建设的积极力量，是负责内外沟通、向乡村输送文化和技术的桥梁，为乡村扩"耳目"、添"喉舌"、增"头脑"。"中国问题之解决、发动、完成，全在社会中知识分子自与乡村居民打并一起构成力量。"知识下乡是乡村现代化的持久动力，现代技术如何下乡？这也是费孝通乡土重建思想所考虑的问题。他提倡有知识、懂技术、会管理的知识分子把现代技术和乡村的生产事业结合起来，从乡村走出来的人才再反过来服务村庄，乡土重建就有希望。如果知识能用来服务人民，中国的现代化是绝对有办法的。

合作组织是乡村建设的重要依托。梁漱溟认为，中国传统社会向来缺乏组织，散漫无力，与西方相比，最要紧是建立团体组织。为此，梁漱溟设想的乡村建设方案十分注重培养团体组织来整合社会关系。在乡村建设实践中，则以乡农学校为组织依托，成立乡农自卫组织，建立合作社，如信用合作社、棉花运销合作社、蚕业合作社等。费孝通也看到了稳固农村农业组织结构的重要性。他主张依托乡村企业，采取家庭工业合作组织和具有合作性质的服务工厂形式，实现收益后最大限度地分配给农民。可见，梁漱溟和费孝通都主张把合作组织作为连接知识分子与农民关系的重要纽带，将现代化因子与传统农村本身潜力有机结合，确保乡村生长因子更加牢固。

（五）都主张改良路径，未根本触动土地问题

关于土地问题，梁漱溟承认要首先解决耕地不足和使用不合理的问题，至于地主佃农、土豪劣绅问题，则认为"实在是一件不易谈的事"。持有文化失调观的他既不支持国民党维持现有制度，也不主张共产党人采取激烈的革命手段消灭封建土地所有制，而是把希望寄托于乡村建设运动完成后形成"能负责解决土地问题的政治力量"。梁漱溟认为"中国目前问题根本不是对谁革命，而是重大的民族自救文化改造问题"，革命手段会导致社会内部社会结构的崩裂，带来更深层次的问题。中国没有阶级和阶级对立，只有职业分立，没有革命对象，只有建设任务。建立新伦理、新礼俗社会，走和平主义的文化改良道路，才能实现救济农村乃至整个社会的理想。

费孝通看到了农村社会人多地少、土地资源分配不均的矛盾，并认同中国共产党减收地租、开展土地改革的做法是必要的，但是他认为土地占有不仅是

一种法律体系，也是一个经济事实。平均地权只是创造一个公平分配的生产关系，能够暂时缓解农民的痛苦，却对提高土地生产力无济于事，不能从根本上解决农村的贫穷问题。要最终解决人民的饥饿问题，不在于紧缩农民开支，而在于增加农民的收入，其中恢复农村企业是最根本的措施。可以看出，费孝通对土地问题的解决尚存在安于现状的倾向，他关于改造传统手工业为新式乡村工业的主张属于经济上的改良主义。另外，他在《中国士绅》中指出，中国未来的希望在于士绅开明分子，称其是"一个对中国现代化负有责任的阶级"，显然，费孝通也没有看到农民阶级的历史使命。

这一时期，以毛泽东为代表的中国共产党人认识到土地问题是农村根本问题，土地占有和利用背后的阶级剥削才是问题的关键。因此，只有推翻帝国主义和封建主义的剥削压迫，才能为政治、经济、文化改造创造必要的前提，为现代化的乡土重建开辟道路。中国共产党通过改变封建土地所有制为农民土地所有制，调动了亿万农民的生产积极性，取得了新民主主义革命的胜利，证明了土地革命是解决中国土地问题的法宝。和风细雨的文化改良和经济改良手段，以追求重组秩序为目的而不破坏既有的制度关系，实现不了农村复兴。知识分子本身的局限性，也注定了梁漱溟和费孝通的改良思想在当时中国是行不通的。正如美国学者魏斐德在《历史与意志：毛泽东思想的哲学透视》中所说："文人学者不具有独立统治权力，他们只能在下层社会和上层建筑——政府间斡旋。"

三、关于梁漱溟、费孝通乡村建设思想的评价和思考

中国的现代化属于后发外生型，是内外环境刺激下被迫的自我蜕变反应，这决定了它必然经历"摸着石头过河"的探索过程。梁漱溟和费孝通与同时代的知识分子一样，一直致力于在"中学"与"西学"之间、普遍与特殊之间、传统与现代之间的冲突融合中抉择中国化方向，不可避免地或陷入时代的空泛，或过于理想。我们重新审视梁漱溟和费孝通的乡村建设思想与实践，可

以认识他们思想内核的真知灼见，也可以反思他们思想中的偏颇和局限。

（一）参考价值

学者罗荣渠在其《现代化新论——世界与中国的现代化进程》著作中说："从现代化的理论框架来看，近百年来为振兴中国而进行的各种政治、经济、文化运动，都可称之为中国现代化道路的探索。"梁漱溟和费孝通注重培育乡村自治和民主化、普及知识和技术（梁漱溟）、发展乡土工业（费孝通）等举措都是乡村现代化的有益尝试。可以说，他们关于乡村建设的探索是中国现代化进程的重要组成部分。

二人是农村现代化的本土自觉践行者。首先，体现在他们立足乡土，统筹兼顾城乡、工农的发展观。梁漱溟和费孝通从了解中国的乡村开始认识中国，高度关注和重视农村和农民问题，强烈反对以牺牲农业、农村和农民利益去发展都市工业，他们所构想的乡土社会是农业与工业、都市与乡村共同发展、共同繁荣、均衡持续的统一体。其次，体现在二人注重以人为本，追求现代性与人性统一的价值观。他们进行乡土重建的根本在于重构乡村社会组织和乡村社会"人"。梁漱溟认为文化重建重在培养团体组织和保持中国的"老道理"精神；费孝通倡导工业下乡，目的在于力求既重组乡村经济秩序又保留乡土社区完整的人格。最后，体现在他们秉持立足传统优势、兼收现代文明的辩证观。梁漱溟在自信中反省，明辨中笃行，坚持"取西方之所长，补我之不足"，对中国文化进行重建与再塑，坚信改造后的中国文化将是世界文化的主流；费孝通提出的新式乡土工业思想在兼顾中国文化个性的同时，顺应了世界现代化的发展趋势。总之，不管中国的现代化进程如何推进，对人的终极关怀和对本土文化的兼顾是任何时候都不能忽视的。中国的现代化既是对世界主流发展趋势的认同过程，也是价值选择的过程。从这个意义上讲，梁漱溟和费孝通从本土出发的现代观、以人为本的价值观、文明取舍的辩证观，涉及了中国现代化如何起步以及如何发展的前瞻性问题，足以看出他们超越时空的思想魅力。

今天，实现农村现代化和中华民族伟大复兴依然是我们的时代课题。如何

在获取现代化发展成果的同时，降低现代化的风险成本？梁漱溟和费孝通关于
乡村现代性转换的探索路径以及处理现代文明与传统资源、工农业、城乡关系
的真知灼见与文化自觉，为后人提供了参考启示。正如《费孝通文集》所说，
"我们在经历过很多波折、失误、冲突、破坏之后，恰恰又不得不回到先哲们
早已经关注、探讨和教诲的那些基点上"。思想的生命力正是在于为实践提供
有价值的启示。梁漱溟和费孝通立足现实的理论自觉及身体力行的实践经验依
然是当今的宝贵财富，我们可以从历史回溯中博采众长，吸取光芒，也要在反
观现实中矫枉过正，继续前行。

（二）时代局限

囿于帝国主义侵略和军阀混战时局的限制，梁漱溟和费孝通的乡土重建构
想在当时没有成为现实。事实上，这也与他们自身思想具有一定的理想色彩相
关。梁漱溟试图以伦理教化的力量代替行政力量重建传统的乡土社会秩序，寄
希望于以农立国来克服工业社会出现的贫富悬殊弊端，带有明显的空想性。费
孝通主张工业下乡，轻视了农业自身的发展潜力。同时，他对发展乡土工业的
困难以及代价估计也不足，提出从乡土工业生长为城市工业、民族工业，高估
了乡土工业的发展前景。

相比之下，梁漱溟的乡村建设思想更具有无法克服的内在缺陷。首先，梁
漱溟忽略了经济要素对现代化发展的决定性影响。其次，梁漱溟承认帝国主义
侵略和军阀统治对乡村的破坏作用，却并不认为这是问题的根源。最后，梁漱
溟的文化重建理论和实践还带有矛盾色彩。一方面，他反对文化调和论，却坚
持以中国精神为根本，希望达到中西文化事实上的融合；另一方面，梁漱溟强
调依靠社会力量实现乡村自救，极力排斥政府的介入作用，却希望在乡村建设
方案实施过程中借助政权和军阀的支持。这显然与他的乡村建设初衷是不一致
的。由此可见，梁漱溟乡村建设构想具有内在困境，即使乡村建设实验未因战
争摧残而过早夭折，这种社会理想也难以成为现实。相对而言，费孝通提出发
展乡土工业比较符合中国实际情况，更好地把握了时代脉搏，后来乡镇企业的

异军突起也印证了其思想的光芒。历史证明，片面地强调个性，推崇传统则极有可能会把中国引向狭隘保守。在顺应时代潮流的前提下，把握传统与现代之间的融通和创新才是引领人类文明的理性逻辑。

第四节　梁漱溟乡村建设的社会工作本土化维度

一、梁漱溟乡村建设与社会工作实务的联系

社会工作三大基本工作方法包括个案、小组和社区社会工作。在社会工作实务开展过程中三种工作方法又是相辅相成、缺一不可的。

个案社会工作是指以科学的知识、专业的方法和技巧为基础，通过一对一的专业关系，帮助有困难的单个个人或者家庭发掘自身潜能、运用自身及其周围的资源，改善服务对象与社会环境之间的关系，从而增进服务对象的社会福祉、提升全社会的福利水平。

从个案社会工作的角度分析，梁漱溟认为乡村建设一个"要紧点"是农民自觉，主张把每一个农民都作为乡村建设实践的对象，知识分子作为工作人员进入乡村实施教育与启蒙，从个体角度改变中国传统农民。这种改变，一方面是对个人修养与中国传统文化的去粗取精和重新塑造，另一方面是对西方现代组织团体与农业经济生产合作社的介绍和引入。

中国自古以礼仪之邦著称，性善论是中国传统文化的立脚点，这也使中国人接受传统文化教育实现个人人生向上成为可能。此外，农业经济合作社集中农业资源转换为经济价值而使日常生活也产生积极变化。凭借中国"性善"文化这一传统，认识到个体具有实现转变的潜能；进而通过对农民精神面貌与经济生活的改变，使个体提高和增强应对困难处境和利用周围资源的能力与信

心。个案社会工作以此为基础。梁漱溟乡村建设实践中教授农民识字、重修乡规乡约、建立农业经济合作社等与个案社会工作方法实有异曲同工之妙。

小组社会工作又称为团体社会工作，是社会工作的一种方法，其对象是小组中的个人和整个小组，通过小组过程及小组工作者的协助，使个人和小组获得群体经验、行为的改变及社会功能的恢复和发展。

从小组社会工作的角度分析，梁漱溟乡村建设实践的核心与关键点正是"团体组织"。梁漱溟在宏观层面认识到中国社会传统上是个体的、散漫的，没有组织也没有团体的存在，欲重振中国社会首先要从中国的基础——农村农民的团结开始。具体实施（微观）层面梁漱溟的乡村建设利用乡约乡规凝聚人心，教人努力实现"人生向上"目标，并通过组建乡农学校与农业经济合作社等来团结众多分散、孤立的农民个体（支持性小组），促使团体构建共同的农业生产目标并鼓励农民努力达成目标（成长小组）等。小组社会工作通过个体的汇聚达成增强团体组织作用与影响力的目的，实现组员自身的进步与发展。梁漱溟乡村建设实践注重团体组织的构建与创设，原是其改造中国社会宏观规划（由乡村社区的团结逐步扩展到全社会大团结）中的一个先导阶段的体现，而与小组社会工作方法却是存在共通之处。社区社会工作是以社区为基础的社会工作，它是由专业社会工作者，凭借其哲理信念与专业技艺，与他服务的社区民众一起群策群力，推动与民众福祉有关的社会行动及社区方案的方法。

从社区社会工作的角度分析，梁漱溟乡村建设运动，不论是团结单独乡村居民组建自治团体还是鼓励创办农业经济合作社，不论是重拾乡约乡规还是组织创建乡农学校或是将分散的农民会聚团结起来，推动农业经济进步，均是致力于我国农村社区重建与发展的活动。梁漱溟的乡村建设活动满足了农村社区的各种需要，同时改善了农民的生活质量，并尝试逐步培养农民参与社区事务决策的能力与意识。依据当时的历史背景和社会环境，其在实践梁漱溟乡村建设理论的同时，也丰富了我国早期农村社区社会工作的内涵与外延。

二、梁漱溟乡村建设与社会工作理论的联系

（一）梁漱溟乡村建设理论与中国理论传统的关系

梁漱溟乡村建设理论从产生源头来讲，实质上是中国本土文化传统的去粗取精、提炼升华，并非严格意义上的"理论"体系。李泽厚在《中国古代思想史论》中不止一次讲到中国的实用理性特征，与西方"理论"讲求严谨的逻辑推理和科学论证形成鲜明的对比，并在"试谈中国的智慧"章节明确指出，"实用理性"是中国传统思想自身性格上的特色。梁漱溟乡村建设理论以文化立论，中国传统文化及伦理道德是其理论体系建构的来源与基础，从传统旧乡约发展出新乡约，从礼俗、教化到伦理情谊、"人生向上"，从中国传统文化思想中来到中国传统社会秩序中去，其理论体系并没有超出李泽厚所讲的"实用理性"范畴，蕴含着中国传统文化思想的诸多元素，具有鲜明的中国本土化特征。

（二）梁漱溟乡村建设理论与西方社会工作理论

结合西方社会工作理论诸多理论体系，从理论内容与含义的角度分析，梁漱溟乡村建设理论诚然是蕴含着西方社会工作理论中赋权理论与优势视角理论等的相关因素和成分。

1. 赋权理论

社会工作理论中的赋权理论源自西方，核心概念是赋权。个人或群体的无力、无权，缺乏改变自身及环境的能力等成为赋权实施的前提，社会工作者通过赋权使个体或群体掌握相应的知识与技巧，让其认识到自己能够在解决自身面临的问题时发挥作用，发现并实施有利于问题解决的措施等。

梁漱溟乡村建设正是依据中国农村落后缺乏生机，急需改变现状解决农村问题，继而寻求中国问题解决这一前提，通过知识分子入乡村教授知识、团体组织建设、农业经济合作社建设等一系列措施来实现对乡民们赋权的过程，使其逐渐具有独立自主更快生产、更好生活以及团结社区等的能力。赋权并不是

"授人以鱼"解决服务对象（接受赋权过程的个体或群体）的所有问题，而在于"授人以渔"使服务对象获得（或习得）自己解决问题的知识与技巧，即实现社会工作"助人自助"的宗旨。

梁漱溟乡村建设理论从中国整体和全局发展的问题高度，自觉不自觉地以赋权理论作为其潜在的行动指引，同时其促使农民掌握现代知识与技巧，实现自身的长足进步与发展，并使农民团结组织起来，扭转乡村停滞分散落后的现状，这一系列微观层面具体的实践活动同样蕴含了赋权理论的价值理念。

2. 优势视角理论

社会工作理论中的优势视角立足于对病态模式的反思和批评。病态模式（首先假设问题或病态的存在）以服务对象的缺陷作为切入点，片面强调缺陷的解决，忽视了服务对象自身所具有的优点与长处，或有"贴标签"嫌疑。优势视角则是以服务对象的优势和资源作为建构的基础，立足于其自身优势与资源，质疑传统、解放精神，发展自身潜能的全新方式。同时优势视角中也蕴含着，赋权理论中支持鼓励服务对象解放自己、积极互动等相关理念。

梁漱溟解决中国问题之所以首先瞄准乡村问题的解决，一方面是因为中国农村还保留有中国传统道德伦理的根基，另一方面是因为农村农民具有广阔的土地和众多的人口资源。乡村建设实践中重新修订村规乡约是一种对传统伦理道德文化精髓的传承，意在提振乡民的精神与信心；创办农业经济合作社发展生产，让农产品走出农村，旨在对农村优势土地资源进行充分利用。梁漱溟抛弃了以往批判农村与农民一无是处、无药可救的片面且狭隘观点；从积极正向的角度出发，以传统道德伦理优势和人力土地资源为立足点，开展了此一系列乡村建设实践活动，避免了乡村对外来事物的排斥和拒绝，同时有利于自身工作的顺利展开。

梁漱溟开展乡村建设运动，基于其对中国乡村深入细致的认识与理解。在了解中国乡村的问题症结及优势资源所在之后，梁漱溟从乡村的优势与资源入手，通过乡村建设者们的推动与指引使其优势得以强化，资源得以利用，在此基础上进一步寻求乡村问题的解决和乡村社区的重建。这一途径避免了病态模式的消极悲观，同时以优势及资源策动了乡民们乡村建设的主动性和积极性，无疑是优势视角理论的成功运用。

可见，梁漱溟乡村建设理论虽无西方社会工作理论之名，却与其有异曲同工之实。换言之，梁漱溟在乡村建设实践中不自觉即运用了赋权理论、优势视角理论的相关理念来指导其实践活动。同时，也正是这些"不自觉"的运用使梁漱溟的乡村建设具有了社会工作的独特特征。

三、梁漱溟乡村建设与我国社会工作本土化发展历程的关系

现代专业社会工作起源于欧美国家，与西方社会福利思想的发展、社会经济结构的转变及社会制度的变化紧密相连。20 世纪初，作为舶来品的现代社会工作开始进入中国，并且以具有中国本土化特征的方式不断开拓与发展。

学者彭秀良根据对历史资料的分析认为，最早将社会工作的方法和模式引入中国的是北京基督教青年会干事美国人步济时。其在 1912 年创办北京社会实进会，组织学生参与社会服务工作。与此同一时期，中国还有北平协和医院社会服务部、香山慈幼院及华洋义贩会等较早的社会工作实践存在。

此外，20 世纪二三十年代社会工作本土化在社区社会工作领域也获得了较大发展。城市社区社会工作实践有沪东公社、北平第一卫生事务所、浦东劳工新村及申新三厂的"劳工自治区"等代表案例，另外，在农村社区社会工作领域则是展开了一系列更为突出的乡村建设运动：晏阳初平民教育运动、梁漱溟邹平乡村建设运动、陶行知晓庄师范学校、江苏省立教育学院的无锡实验、金陵大学乌江试验及燕京大学清河实验等。

对于上述社区社会工作的实践案例尤其是一系列乡村建设运动（有关资料较为丰富），我们在分析相关资料后可知，其多是以西方现代社区的方法和理念结合中国传统文化和习俗习惯等展开社区建设工作，虽只是个人自发的救国爱国行动，发起者与实践者亦不是以"社会工作"的名义而开展各种服务和实践活动，但本质上却可以划入社区社会工作的范畴，因此，其在取得诸多社区建设实践成果的同时，也为当前中国社会工作本土化道路的探索获取了（社区社会工作的）宝贵经验及深刻教训。

四、梁漱溟乡村建设对中国社会工作本土化发展的若干启示

（一）坚持我国社会工作本土化发展同时选择性借鉴西方现代社会工作

梁漱溟乡村建设以中国传统文化道德架构为基础，抽取传统文化中有利于社会秩序发展的内容重新整理，通过创办乡农学校及修订乡规乡约等活动面向农村村民进行教育和劝诫。乡村是中国社会的基础，对中国传统文化的留存相对完整，而乡村居民对传统文化的易接纳和高认可则是其乡村建设得以实施与开展的前提条件和关键所在，既达到了教化村民的目的又避免了乡村革新的阻力。

梁漱溟这一选择是源自其对中国传统文化的独到见解以及中国具体国情的深入分析，同时也为我国当前的社会工作本土化发展提供了一种极好的"破冰"选择。中西文化背景不同，社会工作是西方国家现代社会工业化、城镇化的产物，将其直接引入东方国家（传统农业社会向现代工业社会转型中）——中国，则不可避免地会产生排斥与抵制。而借用为中国人所熟悉、所共知的传统文化因素（村规民约、社会主义核心价值观等）教化聚拢分散的个体则具有尊重现实的可行性和可操作性。既要引入社会工作，又要使社会工作为中国社会大众所接受，同时满足此两方面便需要一个"转码"过程——将西方社会工作相关形式和内容转化为中国传统文化中所存在的形式和内容，或是直接寻找中国传统文化中相近的元素与之对应，这是使社会工作在中国真正生根发展的第一步。

梁漱溟乡村建设并不限于以中国传统文化内容教化村民这一层面，他在此基础上引入了西方团体组织、民主自由法治等，并在行动指引上不自觉（非有意）利用了西方社会工作赋权理论、优势视角理论（以及人本主义理论）

等内容。梁漱溟没有回避中国社会以及中国文化的问题与不足，同时他还积极运用西方现代发展理念等服务于自己的乡村建设实践，力求中西结合、取长补短。

当前，我国社会工作发展处在快速推进阶段，面对的机遇是西方业已成熟完善的社会工作体系可资利用，面对的挑战是具有中国特色社会主义性质的城乡二元结构正处在转型时期。抓住机遇迎接挑战需要我们在走好第一步的同时迈出第二步——向西方社会工作有选择性地"取经"——学习西方社会工作体系（实务与理论）中适合我国社会工作建设与发展的部分内容并加以利用。

（二）以社区社会工作作为我国社会工作本土化发展的出发点和着力点

学者周沛认为，尽管平民教育运动和乡村建设运动不是严格意义上的社区社会工作，但其深入农村社区进行社区组织建设，解决乡民贫穷等问题，实际上已经起到社区社会工作的作用，在我国社区社会工作的发展过程中可以看作是一个里程碑。

与梁漱溟乡村建设所处社会环境相比，我国人口大国这一基本国情没有改变，社区仍然是居民的主要聚居形式，这两点决定了在当前我国社会工作本土化发展和布局过程中，不论是在城市还是在农村，社区社会工作都应作为服务的出发点和着力点。梁漱溟乡村建设的适用对象首先是乡村社区（后欲扩展至中国社会整体重构），将其实践经验引入当前我国社区社会工作领域之中则有更广的适用范围，对农村社区社会工作及城市社区社会工作均可带来诸多启示。

1. 从"知识分子入乡村"到社会工作者进社区

梁漱溟倡导知识分子进入乡村传授知识、技巧等，扮演教育者的角色。相关学者认为，我国社区社会工作发展需要社会工作者首先进入社区、服务社区，并逐步建立社会工作站，融入社区、扎根社区。

当前，我国社区社会工作正逐步展开，部分城市社区及部分农村社区已经开展相关社会工作服务项目。社区社会工作者进入社区"三步走"：①需要向社区居民不遗余力地展示社会工作宣传社会工作，让更多的居民了解并支持社会工作事业，这是我国社会工作本土化实务发展的首要任务。②需要具体问题具体分析，有区别地应对不同社区情况，已经开展社会工作服务的不断强化深入，尚未开展的加强宣传推广。社工在城市社区侧重于直接服务（承担服务者角色），可开展老年社会工作、青少年社会工作、家庭社会工作、医疗社会工作等实务项目的服务活动，在农村社区则侧重于间接服务（承担资源筹措者角色），争取文化扫盲、农业技术培训等行业专家为农村社区提供相关服务活动，以及为农村社区道路、学校等基础设施的完善筹集经费，等等。③需要统筹培养社区居民的社会工作精神，即实现对社区居民真正的赋权或充权，使其增强自身应对问题和困难的能力与信心，而不是始终依赖社会工作者们，最终达成社会工作助人自助的基本宗旨。

2. 从"新礼俗、新乡约"到社区精神文化培育

梁漱溟重新提倡礼俗教化、乡约乡规意在聚拢村民，使其精神层面不断追求"人生向上"的人生目标，而我国社区社会工作本土化发展同样需要借鉴这一举措，将传统文化的精髓与社区社会工作相结合逐步推广开来。

中华民族的"民为邦本"的人文理念、"格物致知"的修身之术、"父慈子孝"的齐家之学、"兼相爱"的经世之道，等等，是建构当代中国特色社会工作价值体系、理论体系、政策体系与服务体系可资借鉴的宝贵财富。

农村社区依据血缘亲疏关系建立，并以传统伦理道德来维系，讲求长幼有序、父慈子孝、邻里和睦等。然而，随着社会主义市场经济不断发展，市场化浪潮使农村社区经济得到发展的同时，在一定程度上冲击了原有的农村社区形态以及社区的稳定秩序，经济至上使得家庭关系、邻里关系等渐趋淡化，农村社区也丧失了原有的乡土特色。因此，农村社区社会工作在我国社会主义精神文明建设的基础上，要争取进一步引导农村居民接纳中国传统文化伦理道德的相关内容。例如，顺势开展国学入乡村、社区业余书画展览、戏曲百村巡演等活动，丰富农村社区多样化生活，使乡村居民和社区可以重拾乡土文化，稳固

中国传统文化之基。

城市社区，是工业化城镇化的产物。物质生活获得极大改善的同时，精神文化生活却没有相应提高。与农村社区平房相比，钢筋水泥大楼反而阻隔了城市社区邻里关系的更进一步，社区除居住功能外几无用处，城市社区的全面发展急需社会工作服务的介入与开展。

与农村社区居民相比，城市社区居民文化水平普遍较高，而社区活动的居民参与度普遍偏低。城市社区社会工作者们可针对社区实际情况，开展灵活多阶段的累进式社区精神文化活动项目，从社区文化宣传栏到社区文娱茶座，再到社区文体联欢会等服务形式。社区居民在参与时出入自由、时间段长短自由，以人为本、循序渐进激发和培养社区居民对社区精神文化服务活动的兴趣与习惯，与居民日常工作中的快节奏、强制性等区别开来。希望能以"润物细无声"式社区服务来增进睦邻了解、团结社区群众、丰富社区精神文化生活以及营造良好的社区文化氛围等。

3. 从团体组织、振兴农村经济到社区团体组织建设及社区经济培育

团体组织与振兴农村经济在梁漱溟乡村建设实践中紧密联系、不可分割。团体组织是梁漱溟乡村建设的核心环节之一，是其团结乡村居民提升乡村社区凝聚力的重要手段。"振兴农村经济"是梁漱溟乡村建设促进乡村经济发展的指引，其具体措施仍是通过成立农业互助组、合作社等团体组织的形式会聚乡民，实现共同发展。团体组织是振兴农村经济的基础，振兴农村经济是团体组织的目标，二者相互促进、相辅相成。

农村社区，经济发展处在社区发展的首位。经济合作社（改变了原有的自然经济一家一户生产方式相关发展模式）的建设与推广，是当前我国社会工作在农村社区开展的主要服务内容。然而，经济不能代表政治文化等社会生活方方面面的内容，农村社区社会工作服务在推动经济合作社稳步发展的基础上可进一步扩展至农村社区更多的领域，或可以尝试推动村民文化扫盲互助组、环卫互助组、议事委员会等团体组织的建设与运作，引导社区全面发展。

此外，从农村社区人口再生产的角度看，当前转型时期我国产业结构不断调整，工业化城镇化使农村居民不断流向城市地区，而农村社区常住人口尤其是青壮年人口则不断减少，同时面临老龄化问题等，这使得农村社区社会工作服务对象的重点逐步转向留守的老人及儿童青少年等。在我国农村养老保障、儿童青少年福利不够完善的情况下，社区养老互助组、儿童青少年互助组等类型的团体组织或是一种可能的选择，而这更加需要社会工作者的积极呼吁和专业引导。

城市社区社会工作，一方面在于缓和社区问题矛盾，另一方面是整合社区资源。城市社区的和谐社区建设以及社会保障建设是其首要需求，社区社会工作从缓和社区淡漠氛围做起，推动成立社区文体兴趣小组等，以丰富多彩的精神文体生活为媒介带动社区居民广泛参与，增进个体间相互了解、营造社区内集体氛围。与农村社区相似，社区养老成为城市社区社会工作一个重要课题，社区养老中心、日间照料中心等基础设施的设立，为社区社会工作者推动社区养老互助团体组织的建设提供了良好的硬件保障。据此，社区社会工作者可将服务重点转向创建社区居民与社区照顾机构之间的沟通与对接，更多地倡导社区大家庭服务居民小家庭。

另外，坚持以人为本、服务为先的理念，城市社区社会工作者们可以尝试整合社区残疾人士、失业人员等人力资源，争取社区管理部门政策支持，以社区为平台创办社区自营经济（手工艺品店、按摩理疗工作室等）组织，力求实现服务对象人生与事业的双重飞跃，从而实现个体与社区的共同进步。

梁漱溟乡村建设活动是多种措施并举的实践活动，不论是组织知识分子入乡村、创办乡农学校，还是提倡团体组织建设、振兴农村经济等，都是相互联系、共同作用的。上述拆分论述意在说明其措施不同而功用侧重有所不同，并不能将各个举措完全孤立地看待，同样，其对我国当前社会工作本土化发展带来的启示与作用亦需要以系统与要素辩证统一的视角来认识和理解。

第七章　乡村建设的结局和特性

　　梁漱溟把中国农村问题提到了无以复加的位置，认为中国"必走乡村建设之路者，即谓必走振兴农业以引发工业之路。换言之，必从复兴农村入手"。梁漱溟在山东邹平开展的乡村建设实验，一度成为全国乡村建设中心之一。其乡村建设运动，被认为是在引进先进生产力方面，曾建设了不同于西方式都市与乡村格局的历史遗存。因时事变迁，乡村建设运动最终没有完成预期的目标。梁漱溟的乡村建设运动不可避免地带有时代印记，有其自身的特性，应客观地看待。

第一节　未能成功的直接缘由

一、外部原因

（一）山东沦陷

　　日本加紧侵略山东与韩复榘山东省政府的撤离，是梁漱溟乡村建设运动失败的直接原因。山东乡村建设研究院的活动说到底是一种梁韩合作关系。就像在广东、河南时一样，一旦失去了政治靠山，梁漱溟乡村建设计划将全盘失败。皮之不存毛将安附焉，山东已丢，其他的乡建派也只有接受失败的命运。梁漱溟自己将山东乡村建设工作失败的原因归结为两点："第一，抗战其后（韩复榘）未容吾人尽力于抗战的民众工作；第二，当局急切退离山东，遂毁灭吾侪工作。"

外敌入侵，山东沦陷，山东省政府成为流亡政府，梁漱溟乡村建设运动失去了赖以生存的稳定局面。

（二）省政府乡建态度的急剧转变

国家动荡，百姓流离失所，抗日救国迅速成为全民族最重要、最迫切的大事。乡村建设退居二线。省政府对乡村建设态度冷淡，甚至百般阻挠。研究院的乡村建设派随着韩复榘撤退，带走了大批的民丁和枪支，引起了山东人民的强烈不满，甚至不少地方出现捣毁乡农学校、杀害乡农学校干部的现象，声名狼藉。沈鸿烈继任山东省主席以乡村建设不合法为由，下令把全省的乡农学校一律取消，恢复原有的"区、乡、闾、邻"的保甲制度。加之，山东已沦入日本的魔爪，抗日救国成为了首要大事，国民政府山东省政府已成为流亡政府，无力支持也不可能支持乡村建设了，乡村建设活动全面结束，乡村建设在国破家亡的情况下只是一个理想而已。

梁漱溟在韩复榘时代大搞地方改革、培养乡村建设人才，与山东的国民党、地方势力争权，使得与他们关系紧张。他们对梁心有余悸，也担心研究院在山东的兴起会使之丧失权力。1939 年春，梁漱溟征得蒋介石的同意以军委特派员的名义赴华北视察，获得活动经费 10000 元。到山东时，本想恢复研究院的名誉，结果遭到国民党山东省党部、省主席梁鸿烈的反对，于 8 月无功而返回四川。梁不得不感叹道"这次来山东，不如不来"。研究院在山东的使命早已结束，历史是不可逆转的。山东大地已经进入战火洗礼的抗日战争时期。

二、内部因素

（一）乡村建设派的责任

梁漱溟乡村建设派虽然力量大、政府支持大，但内部分歧也不少，经过七八年也没有形成强大的凝聚力。不能合理地看待农业和工业、乡村和城市二者关系，梁漱溟乡村建设派是一个重农学派，尽管梁在设计中也提到新社会是"先农后工，农业工业结合为均宜的发展""乡村为本，都市为末，乡村与都市不相矛盾的"，但在实际行动中没有把城市、工业和农村、农业合理结合起来，这一局限的指导思想无疑使乡村建设的路子变窄了。

梁漱溟乡村建设派的指导思想在学者自由和依靠政府之间存在矛盾性，把改造农村当成拯救国家基本途径的构想存在理想化趋向；内部又分为三大派系，此消彼长，破产只是早晚的事。韩复榘南逃，乡建派在山东的名声日衰就是明证。设计、领导、政策等本身都存在脱离当时实际的问题，山东乡村建设的路也不会走太远。

（二）乡村建设重心转移

研究院在后期由乡村建设改革转向为韩复榘储备兵源和自卫训练，看起来风风火火、卓有成效，但当乡建派逃跑时，所有的一切化为泡影，老百姓发现这只是一个"骗局"。邹平—菏泽—济宁，都重视乡村自卫，出现了乡村建设等同于乡村自卫的现象，特别是济宁基本上没有其他实验成就。在国难当头的情况下，重视自卫没有错，但当成唯一目标就是错误的，何况这唯一的目标也没有发挥应有的作用。梁漱溟后来也总结道："吾工作主要在乡农学校，乡农学校一面为社会教育，民众训练机关，一面又为下级行政机关，以其为下级行政机关，一切政令均借此而执行。当初将借以推动各项建设者，今则以当局要壮丁、要枪支、派差派款，执行其一切苛虐命令。凡当局一切所为之怨于民者，乡农学校首为怨府……以建设乡村之机构，转而用为破坏乡村之工具，吾侪工作至此，真乃毁灭无余矣！"因此，山东乡建院七年的努力也不能给乡民留下念想。

梁漱溟后来总结道，"我们的三大问题：①与政府应分而不分；②与农民应合而合不来；③彼此也不能合而为一"。这在一定程度上解释了乡村建设各派失败的原因。

第二节 时代和自身的局限性

一、指导理论不切合当时中国的实际

鸦片战争爆发后，为了挽救亡国灭种的危机，中国大地兴起了"中体西用"的思潮，梁漱溟乡村建设理论也陷入了这一思想窠臼中，他试图将西方民主价值观念与中国传统人文主义精神相融合，通过弘扬中国儒家思想提倡的品性和德性，提高人们的道德理想，加强人们的道德责任感，发展社会生产力。中国社会之本"体"乃是小生产的社会经济基础，无论是中国的儒家伦理，还是西方的民主科学，都不能被视为中国社会的本"体"。梁漱溟并没有认清中国问题产生的经济根源，用这样的理论来指导乡村建设运动，其结果也就可想而知了。梁漱溟乡村建设理论的立论基础的中国社会结构特殊论，也不符合当时中国社会的事实。他认为中国社会结构是"伦理本位，职业分立"的社会，无视贫富分化的现实，完全否认阶级和阶级斗争的存在，最终走上了改良主义的道路。

尽管梁漱溟对中国国情的细微之处不乏真知灼见，但由于过分强调特殊，而忽视了历史发展的一般规律，在此基础上的建言，则不免失之偏颇。他倾向于社会主义，却不主张武装斗争；他规划了未来社会的蓝图，却找不到有效的途径和可依靠的力量，乡村建设成了乌托邦式的空想。正是不合时宜的认识导致他走上了不通畅的道路，改良主义的道路在当时的中国注定是要出局的。梁漱溟的乡村建设理论在实践中破产也成为历史的必然。梁漱溟的乡村建设理论实际上反映了以梁漱溟为代表的一些传统儒者对理想社会的一种向往。他企图在资本主义和共产主义之间选择第三条道路，即通过复兴以"理性"为根本的儒家文化来复兴民族国家。当时只能是一种幻想，这一点也早已为乡村建设

的历史实践所证明。

梁漱溟对中国问题的认识，最终决定了他的乡村建设的正确面和错误面、合理性和落后性。我们可以说，梁漱溟的乡村建设，产生于中国农村崩溃的20世纪二三十年代，就其"建设农村"这个主旨而言，有其合理的现实意义；但由于梁漱溟缺乏对当时中国农村社会的正确认识，因而他的理论和实践，又不可避免地带有空想性和不现实性，具有时代的局限性。

二、依附于军阀政权的社会改造自然不成功

众所周知，20世纪30年代梁漱溟之所以选择山东作为乡村建设的基地，直接原因是地方实力派、时任山东省政府主席韩复榘的邀请和大力支持。韩复榘对梁漱溟乡村自治的主张非常赞赏，觉得乡村基层组织自治改革将有利于稳固地方政权。梁的乡村自治实验同样需要地方实力派的支持，因为进行农村改革需要经费，而经费的来源只有靠政府，这就需要政府的承认和支持。实际上，梁漱溟在去山东以前曾经参与筹办的河南村治学院也是韩复榘支持的，1930年10月，河南村治学院因军阀内战而停办，韩复榘也于此时调任山东省政府主席。他上任不久，就邀集梁漱溟和原村治学院的骨干到济南，商讨在山东开展乡村自治，筹划设立一所像河南村治学院那样的机构，并划出一定区域作为实验区。1931年3月，梁漱溟等领到省政府拨付的10万元开办经费，开始筹建山东乡村建设研究院。国民政府对乡村自治的认可和相关的法律制度，则是梁漱溟的邹平实验取得实质性发展的政治前提。当时中国外有帝国主义侵略，内有军阀混战，虽然梁漱溟希望独立进行乡村建设实践，但实际上，仍然无法摆脱政府和军阀的控制。

梁漱溟为了实现自己建设乡村的救国理想，辗转奔波于当时的各地方政权。先是因得到李济深的支持到广东办乡治讲习所，后来李济深失势，梁漱溟又被迫到河北，在冯玉祥、韩复榘的支持下参与河南村治学院的工作，最后又因韩复榘到山东担任政府主席，转而到山东从事乡村建设。梁漱溟从事乡村建设的整个过程都没能摆脱当地军阀政权的控制。

1935 年 10 月，梁漱溟在为山东乡村建设研究院作的讲演——《我们的两大难处》中，谈到乡村建设遇到的两大难处之一就是"高谈社会改造而依附于政权"。梁漱溟自己也承认依附政权的问题是乡村建设运动本身面临的一个深刻的悖论：如果依附政权，依靠政权来进行社会改造，这哪里还是社会改造呢？况且在梁漱溟看来，当时的国家政权对社会、对人民来说都是一个剥削者和压迫者，是乡村建设运动的重要改造目标之一。如果依附了这样一个需要被改造的国家政权，那根本不可能对其实行改造，其结果就是站在政府的立场上来改造社会，这当然也就背离了乡村建设运动的初衷。如果得不到政权的支持，乡村建设运动无法开展，河南村治学院存在不到一年便结束就是最好的证明。基于以上考虑，梁漱溟开始进行乡村建设实验时，本意上想与当时的政府建立一种良好的合作型关系，这对于乡村建设是有益的。而实际情况是，梁漱溟的乡村建设与国民党政权形成了一种相互利用、相互矛盾的关系。国民党政权为了反共，同时也利用梁先生等的社会影响力对农民进行统治。梁漱溟需要一定的资源支持和自治权利，所以需要国民政府的帮助。但一旦这种基于权力不平等的合作关系变成依附关系时，乡村建设运动就有可能失去正当性、革命性，会屈从政府的惰性而丧失动力；而且如果不能有效借助政府的力量来推行各种改革的措施，反而使乡村工作变成地方的行政内容之一，往往无法实现建设的目标。当外敌入侵，失去政府支持时，乡村建设运动也就到末路了。

三、号称乡村建设运动却"运而不动"，未能引起农民的共鸣

梁漱溟认为："我们常说：'救济乡村'，但是谁能救得了乡村呢？除了乡下人起来自救之外，谁也救不了乡村；单靠乡村以外的人来救济乡村是不行的。"在山东的乡村建设实践中，梁漱溟也坚决贯彻这一思想，也确实做了很多工作，把唤醒农民自觉作为最重要的一件事来做。但是，实际情况却恰恰相反，农民对乡村建设运动表现出的是一种冷漠态度。

在三次乡村工作讨论会的代表中，真正的农民代表是没有的，农村人不热心，不积极参与，光靠农村以外的人浮在上边喊运动是没用的。面对这种现实，梁漱溟也十分无奈，"本来最理想的乡村运动，是乡下人动，我们帮他呐喊。退一步说，也应当是他想动，而我们领着他动。现在完全不是这样。现在是我们动，他们不动；他们不惟不动，反而和他们闹得很不合适，几乎让我们作不下去。此足见我们未能代表农村的要求"。梁漱溟在《乡村建设理论》中指出，对乡村建设派的漠视是一种较普遍的现象。这种百姓的漠视，反映了乡村建设的尴尬处境。

那么，为什么会出现这种情况呢？梁漱溟也曾经思考过，他认为，知识分子与农民有许多的不同，"总之，从心里上根本不合，因为我们在性质上天然和乡下人不能一致之处，这个问题最苦痛了"。当时，农民的负担有田赋、地租负担、苛捐杂税负担、高利贷负担、差役负担，这些不是乡村建设派所能决定减免的；农民的要求就是有地种有饭吃，这又被乡建派以重分土地不符合中国现实的借口拒绝；反而一些乡村实验增加农民负担，甚至引起不满；所以也就唤不起农民的兴趣。后来，梁漱溟总结说："农民为苛捐杂税所苦，而我们不能马上替他减轻负担；农民没有土地，我们不能分给他土地。他所要求的有好多事，需要从政治上解决，而在我们开头下乡时，还没有解决政治问题的力量。那么，当然抓不住他的痛痒，就抓不住他的心。"在这里，一些事情是梁所无法做到的，甚至是不同意去做的，如分土地等。当然，也就会引来农民的漠视和反抗。

所以，造成乡村不动的根本原因还在于乡村建设运动的社会改良性质。社会改良运动不能像革命运动那样实现对社会的有效动员。因为革命能够从根本上解决农民所关心的土地问题，而乡村建设承诺的东西都是要经过漫长的奋斗才能实现的，而不是像革命的目标那样明确、具体，并且易于达成。这就注定了社会改良是一个漫长的过程，在短时间里一时难以看到效果。梁漱溟谈到土地问题，但他却采取了回避态度，把解决土地问题的希望完全寄托在乡村建设运动完成后所形成的新国家权力身上，没有解决调动农民积极性的这个根本问题。作为半殖民地半封建社会的中国，农民最关心的就是土地问题。谁解决了土地问题，谁就能赢得农民支持，而土地问题主要表现在土地所有权上。正因为回避了农村的根本问题——土地问题，尤其是无法解决土地所有权问题，梁漱溟的乡村建设运动就无法真正获得农民的拥护和支持。于是出现了号称"乡村运动而乡村不动"的现象。

中国共产党人洞悉农民问题、土地问题的极重要性。共产党人从一开始就为实现耕者有其田的土地制度而努力，从土地革命战争时期起，就把所没收地主的土地分给农民耕种，使农民真的广泛地支持和拥护，建立了巩固的农村根据地。共产党农村革命的成功从反面证明了乡村建设派理论和实践是行不通的。

第三节　改良主义的性质

面对梁漱溟解决中国问题的方案，我们先理清革命与改良两个概念的论述。马克思主义者认为，革命与改良，虽然都是改造旧事物的方法，但存在着极大的区别。所谓革命就是以暴力的手段推翻旧的统治阶级，建立新的政治制度和经济制度，以完成对社会的彻底改造；所谓改良，则是以渐进的、和平的方式，缓慢地完成对社会的局部改造。把梁漱溟的乡村建设理论界定为改良主义，这已经成为学术界绝大多数人的共识。

然而由于梁漱溟本人界定革命与改良的概念与他人不同，他坚持否认其乡村建设运动是改良，认为乡村建设运动是"革命的建设"。梁漱溟认为"革命是一种社会秩序的推翻与改造"，而中国社会构造历久不变，历来只有周期的一治一乱，就是社会秩序只有一时的扰乱与规复，而不见旧秩序被推翻，也就没有新秩序的建立。而中国"伦理本位，职业分立"的特殊社会结构，是中国没有革命的决定原因，这也决定了复兴中国必然走一条不同于西欧和俄国的道路，因此中国就不能走革命的道路。梁漱溟强调说明："中国问题根本不是对谁革命，而是改造文化，民族自救，重大的民族自救、文化改造问题，早掩盖了其他问题。"梁漱溟对革命与改良虽然有其自己的见解，但其乡村建设脱离不了改良主义的性质。

对梁漱溟乡村建设理论与实践的思考，从农业生产力与社会关系发展的角度去认识，则有着另一番重大的意义。现代化的历史过程，从马克思主义理论的立场看，是一个先进生产力不断发展，并带动生产关系不断变革的过程。具体体现在现代化的早期历史中，就是从一个传统的农业社会逐步转型向近代工业社会迈进的过程，在一定意义与程度上，农村的现代化代表着一个国家的现代化水平。正如梁漱溟对要求创造新的中国文化时所讲的："所以要创造文化，故施行成人教育，施行成人教育即所谓创造文化，即所谓乡村建设，即所谓社会教育。乡村建设与社会教育，是一而二，二而一者。"梁漱溟的乡村建设紧紧地抓住了农村和农民这个现代化的主题，并且设计了一条以乡村为本，由知识分子领导，先农业后工业的发展道路。

作为一个后发现代化国家，当遇到随着武力和掠夺而来的现代化时，国家发展首先需要解决的问题是国家的独立与民族的解放问题。在中国半封建半殖民性质的社会下，随着通商口岸的开放，外国势力大量汇集于口岸城市，通过各种经济、政治、军事手段对中国进行掠夺，早期开放的城市成为了外国势力侵略中国的最前沿营垒。伴随着殖民化的加深，中国的农业经济更加萧条，但相反，中国的口岸城市却异乎寻常地发展起来，这就造成了中国最早的城市、农村二元化发展的状况。中国现代化国家建设面临的双重任务，对内扫除传统的封建剥削阶级，对外赢得民族的独立和自主，也最集中地在农村体现出来。这要求着中国的问题必须在农村中得到解决。

可以说，通过农村解决中国发展面临的主要障碍，梁漱溟找到了解决问题的关键。但是，梁漱溟对解决当时中国问题提出的乡村建设方案却偏离了解决中国发展问题的需要。在当时作为政治边缘的共产党看来，只有通过革命的方式，将传统社会中的封建地主阶级和帝国主义扫除出去，建立新的现代国家政权，才能赢得国家的现代化健康发展。以后的实践证明，中国共产党的这一条救国救民的道路无疑是正确的。但在当时，梁漱溟却认为俄国共产党发明的路，是"我们政治上的第二个不通路"。面对当时要求反帝反封的革命者，梁漱溟自认为他看了比革命者更为全面更为深远的东西，"我们认得中国问题的整个性，我们要求总解决，而绝不在现状下求办法；他们反帝，反封，我们正同样地进行帝国主义问题、军阀问题、土地问题之解决"。他说："照我的分析研究，现在之中国问题并不是其社会内部自己爆发的问题，而是受西方文化势力（欧美并日本皆在内）压迫打击，引起文化上相形见绌，而急求如何自救的问题。"所以，这就要求中国问题的发动，"就是散漫的农民，经知识分子领导，逐渐联合起来为经济上的自卫与自立；同时从农业引发了工业，完成大社会的自给自足，建立社会化的新经济构造"。

与主张革命的人不同，他明显地将政权抛弃在解决中国问题的方案之外。甚至于，他力主排除国家政权对中国现代化产生影响，认为"照例，政府和社会比较；政府最代表那惰性、不进步的；而大凡新的潮流、新的运动、新的创造，都是从社会发生"。结合中国 20 世纪二三十年代的混乱局面，梁漱溟对国家与政府进行了尖锐的批判，并鲜明地提出他乡村运动者应有的立场："在今日中国就没有凭藉法律制度建立的政权，一切政权都是直接从武力而来；政权只是附属于军权的。那末，一旦乡村运动者掌握政权，必是先已掌了军权，成了军阀。"

尽管梁漱溟从理论上，要求将乡村运动者与政权相互区分开来，但在建设实践中，无论是在河南的村治学院，还是在山东的乡村建设研究院，无一不是在当地军阀的支持下得以开展。梁漱溟乡村运动搞得最好的邹平县，依然在国民政府第二次内政会议的授权下，才能取得突破性的发展。事实情况也是如此，梁漱溟在山东将近八年的乡村建设实践，对社会进行的诸多改造也多体现在办学兴教、促进合作、改良农业、革除陋习等方面，虽然对改变农村的落后面貌起到了一定的作用，但并没有触动旧的阶级关系，终究不是暴风骤雨式的革命行为。因而梁漱溟在乡村建设实践中的所谓"革命建设"，所反映的也只是一种改良的运动。

1935 年，梁漱溟在山东乡村建设研究发表演讲《我们的两大难处》时，承认乡村建设运动依附政权。对于如何解决这一难处，梁漱溟没有回归到自己的理论要求上，他选择给出一个折中的答案，"中国如我们所分析，是要以社会运动团体和现政权两大系统，来完成这工作的。……现在只点明我们与政府是彼此相需的，而非不相容"。

所以说，梁漱溟的乡村建设运动本质上，是一种改良的社会运动。他试图在不触动现行社会体制的前提下，由社会自身进行改造，从而实现对政治的改造，达到传统"善治"。最后，实践的结果无疑是不成功的。梁漱溟自身也认识到乡村建设运动的危机，"第一点是高谈社会改造而依附政权；第二点是号称乡村运动而乡村不动"，但是，由于这群知识分子的历史局限性，他们看不到解决中国问题的根本症结，也不可能找出一条能够实现中国民族复兴的道路。但是，梁漱溟从农村中寻求解决中国现代化的方案，在这一点上，他的认识是深刻的。中国革命的首要问题就是农民问题，农村是对内反封、对外反帝两重矛盾最为集中的，这是中国现代化特殊的国情所在。中国共产党正是从农村出发，走了一条"农村包围城市，武装夺取政权"的道路才赢得了中国革命的成功。

第四节　梁氏标识的特点

一、文化复兴中国

"文化复兴中国"，这是梁漱溟的乡村建设理论最富特色的特征。梁漱溟在谈到乡村建设的起因时说："乡村建设之由来，实由于中国文化不得不有一大转变，因为要转变出一个新文化来，所以才有乡村建设运动。"他把中国社会的崩溃的原因归结为极其严重的文化失调，所以乡村建设的宗旨是通过中国传统文化的复兴解决当时的社会实际问题，从农业引发工业，完成中国的文化重建和民族复兴，也就是"创造新文化，救活旧农村"。当梁漱溟在论述乡村建设的意义又强调："救济乡村便是乡村建设的第一层意义；至于创造新文化，那便是乡村建设的真意义所在。乡村建设除了消极地救济乡村之外，更要紧的还是在积极地创造新文化。所谓乡村建设，就是要从中国旧文化里转变出一个新文化来。"从理论上讲，乡村建设的最终目标是要复兴中国文化，并用改造后的中国文化来拯救整个世界。因此，梁漱溟将其开展的乡村建设运动说成是一个文化重建运动，或者说是一个"创造新文化"运动。要复兴中国文化，就要从还保留有中国传统文化的乡村去着手，复兴农业，引发工业，实现国家的独立和富强。强调乡村建设不是单纯的乡村救济或经济、政治和教育的建设，而是一种广义的文化建设，是中西文化冲突中，中国文化出路的选择，这是梁漱溟乡村建设理论不同于同时代其他乡村工作者的乡村建设思想的特色所在。

梁漱溟出身于儒学深厚的书香门第，对中国传统文化有着深刻的把握和认识。鸦片战争以后，中国传统文化在遭遇到先进的西方文明以后节节败退，许多知识分子提出学习西方，甚至有些人认为中国传统文化一无是处，提出要全盘西化。虽然梁漱溟也对中国传统文化缺乏民主政治和科学精神等缺陷有了清醒的认识，但他依然对中国的传统文化评价很高。梁漱溟在《东西文化及其哲学》著作中，详细地阐述了中国文化早熟的观点。他认为中国文化并不比西方文化落后，而是比西方文化高一个层次，代表了人类文化发展的方向，中国文化在不远的将来会复兴成为一种世界性的文化。因而梁漱溟认为要解决中国问题就是要复兴中国文化。

梁漱溟乡村建设的宗旨是通过中国传统文化的复兴解决当时的社会实际问题，即是"创造新文化，救活旧农村"。为此，他通过建立能够沟通、调和中西文化的乡村组织，引导农民通过自身努力创造新的道德风尚和规范；利用合作生产，相互救助，解决农民的贫困问题。梁漱溟清楚地认识到西方的理念与中国精神的不同，主张通过调和二者来构建新的团体理论。他说："我们中国现在所急切需要的就是要有团体组织，就是要往团体组织里去变；而求得团体组织之道，在中国是必须发挥伦理关系，发挥义务观念。换句话说，就是必须以中国的老道理为根本精神。恰巧现在西方的团体组织之道也正在那里变：由'权利观念'变为'义务观念'，这一来，便与我们相合了。"这一理论的价值取向是维护并发扬中国传统文化，甚至在将来用改造后的中国文化来拯救世界。由于保守民族文化的基本精神，构成了梁漱溟的文化保守主义基本理论立场，他虽然从中西文化的比较中看到中国文化的弊病，并大加鞭挞，但骨子里却有中国文化优越、文化傲慢的心态，未能真正解决好传统与现代化的关系问题。究其原因，就在于他过分地依赖传统，对传统文化中的某些核心价值过于自信，企图在不经过彻底改变的情况下，就能直接为现代所用。他的文化改造的实质是"中体西用"，因此不可能带来中西文化在根本精神层面的真正会通。虽然梁漱溟的这种创造新文化的努力随着他的乡村建设运动的失败最终化为了泡影，但他在这一努力中所提出的中国传统文化能否为现代社会所用的问题，其意义却是相当深远的。

二、重构乡村社会组织结构

梁漱溟的乡村建设实践一个显著的特点就是政治、经济、教育相结合。为了实现政治、经济、教育三者合一，梁漱溟创造了乡农学校这种独特的中国农村基层组织。1931 年后，梁漱溟先在邹平县、菏泽县搞"实验县"，随后又在津浦路以西的鲁西 10 多个县建立了"鲁西实验区"。在这些实验县和实验区内，建立以"乡农学校"为核心的"政教合一"的乡村基层组织，也就是乡学村学，使教育、经济、政治各方面的实验活动能够协调进行。正如梁漱溟所说："所谓乡村建设，事项虽多，也可类归为三大方面，经济一面、政治一面、教育或文化一面，实际不出乡村生活的一回事。"政教合一的乡村学校，是梁漱溟建设乡村实现文化复兴中国的具体措施。

乡村学校（即乡农学校）最主要的功能是启发农民自觉、提高农民素质。梁漱溟认为当时农民很多人不识字，组织观念极差，要改变这种现象，实现"创造新文化"，就必须兴办学校，搞教育。农民自觉和乡村组织的关键都在于乡农学校，通过办乡农学校来教育农民，培养农民的智慧，建设乡村。

乡农学校不仅是个教育机关，而且是农村基层政权组织。在乡学村学发展起来后，从中分化出乡村基层政权组织，在政治生活中起引导推动农民参与团体生活、关心团体事情的作用。这种形式下的国民基础学校以学校为改造社会中心，尤其注重民团训练与（村）街自治组织及合作运动等之推行，并规定基础学校教员除担任学校指导工作外，并须负责推动乡村建设事业，"校舍与（村）公所合一"。乡村建设借助教育的力量来实行政治和经济措施，以"村学"替代村公所、"乡学"替代乡公所，发挥行政机构的职能，名曰行政系统"教育机关化"，以教育力量代替行政力量。

在经济方面，乡农学校除了组织农民成立各种合作社，资助合作社引进和使用新科学技术，还先后开展植树造林，疏通河道，推广优良品种，举办蚕桑、饲养、植棉等训练班，等等。这对发展当地农村经济发挥了重要作用。

因而乡农学校名为学校，实际上远远超过学校应具有的功能，它是集政治、经济、教育为一体的综合组织，是乡村建设的重要组织形式。

三、以农业引发工业的现代化道路

从梁漱溟乡村建设理论和实践来看，他还主张以农立国。该主张可以说是与都市、工业化相反，这主要是受作者思想所影响，他更倾向于构建山水田园式生产方式。然而该主张并非梁漱溟所创，在其之前，章士钊、王鸿一提出过类似观点。因此，从某种角度来看，梁漱溟的主张在一定程度上受这二人影响，其中王鸿一的影响更大。

虽说梁漱溟受上述二人影响，但其自身主张又有着极大独到之处。他认同必须坚定以农业发展作为重点，而对于工业的看法，其认为应借助于农业推动，这从"我们用工夫在农业，农业好转，农民也就增大了购买力，工业需要扩大起来"就能实现。正是这一认识，使其在推动工业化看法中不赞同国外路线，这主要是由他对我国千百年来经济形态的认识所致：第一，农业长期作为重要经济基础，无论任何朝代都围绕其运转，因而我国工业也应当以其带动；第二，千百年来的发展，使得农业具有很深基础，而与此形成鲜明对比则是工业基础薄弱，因而通过发展前者而带动后者显然更为现实；第三，受长久封闭、儒家思想等影响，致使我国有着根深蒂固的重农轻商理念，这使得工业要想发展只能借助于农业。

　　梁漱溟认为，中国农村经济的复苏事关全国经济的繁荣，必须选择正确的路向，否则无以救治中国农村甚或全国。他认为，中国作为一个农业国，经济问题的解决应有自己的特殊性。梁漱溟在乡村建设理论中，根据他对中西社会经济发展的经验与教训，向国人揭示了"由农业引发工业"的经济建设路向。他说我们对于中国的经济建设，可以用非常简单的一句话来答复，就是我们认定中国经济建设的路线是"从农业引发工业"。据此，他提出的经济建设的"方针路线"是：由知识分子将农民团结在一起，以农业作为发展重点，在促使人们实现经济一定独立自主的情况下，逐步带动工业。

　　梁漱溟认为中国经济发展必须从农业入手，进而明确了农业发展的路向，即由农业引发工业，最终在中国实现现代化，从而强调了农业发展的极端重要性问题。梁漱溟的这条经济建设路线，从总体上说，是不可能在中国实现的。不过他提出了农业与工业的关系问题，强调了农业对工业的基础地位。这与当时从事乡村工作的知识分子相比，思想远远深刻与超前，就是在今天的现代化建设，这一思想无疑也具有借鉴作用。

　　从农业入手，由农业引发工业，最终在中国实现现代化，这是梁漱溟开具的一条重要的农业发展路向，超越了以前某些农业发展思想的常规思路。近代以来，先进人士在中国探索现代化发展道路上进行了不懈的努力，农业发展思想是其中重要的一环，其创新思想自不待言，这在一定程度上促进了农业的发展，为中国农业早期现代化做出了极其重要的贡献。但他们中的一些人在很多方面并没有跳出传统农业思想的窠臼，传统农业思想仍旧束缚他们的手脚，因此近代中国农业仍旧处在落后甚至衰退的困境。农业的落后甚至衰退阻碍了中国早期现代化的前行。其实，中国的现代化必须寻找一个立足点，一个入手处，然后导入现代化的其他指标系统。就梁漱溟的思想而言，他对中国农业发展路向的设计，似乎找到了这一点，尽管客观的效果或许不尽如人意，甚至比梁漱溟估计的还要走得更远，但在中国近现代农业发展思想史上具有非常重要的地位，其影响和作用不可低估。

四、发挥人的主体作用

梁漱溟对"农民自觉"的解释是："就是乡下人自己要明白现在乡村的事情要自己干，不要和从前一样，老是糊糊涂涂地过日子。"这使其逐渐认识到我国这一农业为本国家会因农村与农民被时代发展掠夺而渐渐迈向困境，对此他认为解决这一问题的关键在于坚持"以农立国"。也正是基于此，救济乡村被其所力推，并且开展这项运动已迫在眉睫。梁漱溟认为救济乡村"顶要紧的有两点：①农民自觉；②乡村组织"。具体来说，就是开展这一运动首先农民必须有将其做好的认识，其次当人们共同努力并在"团体组织"帮助下才有可能实现。在此之中，"团队组织"，主要指团体组织和科学上的知识技能。

然而梁漱溟清楚地认识到，要想确保乡村建设成功，光靠"农民自觉"难以实现，还需要知识分子参与进去。导致其会产生如此认识的原因主要在于：虽然农民有着急切解决当前乡村问题的心理，但这已经远远超出他们的认知与能力范围。因此，梁漱溟指出：乡村建设成功必须是农民与知识分子相结合才能实现，并且这也是解决中国问题的关键。

之所以得出这一结论，梁漱溟认为是三个原因所致：第一，中国问题的性质决定的。导致当前中国问题产生的根源可以说是外来文化所造成的冲击，因而归根到底这是文化改造问题，对此解决的关键在于处于文化中心的知识分子广泛地参与。第二，知识分子的作用决定的。区别于农民，知识分子由于具有极为丰富的学识，不仅对当前形势有着清楚的认识，同时也有着良好的解决问题的方法与能力，正是鉴于他们所具有如此巨大的作用，解决当前问题理应要其参与。第三，中国的人口结构决定的。在当时中国人口构成中，知识分子与农民分别占 20% ~ 30% 、70% ~ 80% 。就前者来说，虽然比例不低，但实际情况却是他们中的绝大多数人都混迹于军政界享受着权力所带来的益处，毫无变革之心，而少部分真正可以充任解决中国问题之人却因人数太少而有心无力。然而对后者来说，虽然其文化程度极低，但他们却是中国人口最为庞大的群体，一旦知识分子能够使其清楚当前形势，并将他们团结在一起，那么将为解决中国问题奠定坚实基础。

结合实践来看，梁漱溟的观点存在着两面性：首先，他准确地指出了乡村建设的重要力量在于农民，随后在认识到这一力量存在局限性的情况下，提出了将知识分子和农民结合，而实践证明，解决中国问题正是如此。其次，梁漱溟在看待中国问题的实质上存在错误，并且其过高地评价知识分子，而未能发现他们所具有的局限性。这就使得他只能在乡村建设上获取部分成果，而难以将中国问题根本解决。

第八章　历史地位和时代价值

　　梁漱溟是中国 20 世纪著名的思想家、社会活动家。他对乡村建设理论进行了多年的探索和实践。他推进的乡村建设运动，在当时的社会大环境下，虽然没有取得预期效果，可其中的真知灼见仍有很多可贵之处，对于反思当今中国社会各种问题仍有积极的意义。特别是在中央提出进行全面建成社会主义小康社会、实施乡村振兴伟大战略目标的今天，我们重新考察和审视梁漱溟的乡村建设理论构想和实践经验，更应该根据历史唯物主义的观点，实事求是地评价它的历史地位和时代价值，从而吸收一些有益的启迪，更好地为中国现代化建设服务。

第一节　不可磨灭的历史地位

一、梁漱溟乡村建设理论是以儒学为指导思想的乡村建设、中华民族复兴的整套建设方案

　　梁漱溟是海内外学术界公认的现代新儒家的开山人物，他的新儒学思想在中国近代产生了十分广泛的影响。更为重要的是，梁漱溟将学术研究与中国现

实的实际问题结合起来，用儒学思想指导乡村建设实践。这在 20 世纪的中国独树一帜。梁漱溟主张以孔子儒家思想和儒家精神来改造乡村、建设乡村。他认为中国儒家是以生命为中心的哲学，爱护生命、保护生命、发扬生命的奋斗精神就成为中国文化的精髓。儒家的积极进取精神，中庸之道的方法论，实行仁政、重视道义的政治、道德主张，无不与其生命哲学有关。

梁漱溟倡导乡村建设也是立足于以儒家积极进取、乐观向上的思想作为人文精神来改造国民性，充分挖掘和弘扬中国传统文化中的优良传统，以达到复兴中国文化的目的。梁漱溟乡村建设理论集中反映了他对中国社会和中国文化的独特把握和哲学思考，本质上他所要解决的问题是儒家文化的新生。为了实现建设乡村、复兴民族的目标，梁漱溟在乡村建设理论中以建设新文化为主旨提出了一系列的设计和设想，涉及农村中的政治、经济、教育、风俗和社会生活的诸多方面，勾勒了一幅农村新社会的蓝图。

梁漱溟以儒学为指导思想的乡村建设、中华民族复兴的整套建设方案依然很有意义。美国学者艾恺在《最后的儒家——梁漱溟与中国现代化的两难》中这样评价梁漱溟："梁漱溟是一个文化守成主义者，他的思想在当下不易为人们所接受。不过，一百年后回顾 20 世纪中国的思想家，或许只有他和少数几个人才经得住时间的考验，而为历史所记住。"在全球化的背景下，如何推进中国乡村振兴、如何实现中国现代化事业、如何实现中华文化的现代转化，我们仍可以从梁漱溟的思想中寻求有益的借鉴。

二、梁漱溟乡村建设理论在众多救国理论中独具特色

20 世纪二三十年代的中国处于半殖民地半封建社会。帝国主义的侵略、军阀的割据混战、民不聊生，中国面临着亡国的危机。各界爱国人士纷纷寻找救国之道。在众多的主张和办法中，梁漱溟的"乡村建设"的理论和实践有着十分重要的地位。

梁漱溟的乡村建设理论是关于中国社会的全盘考虑和关于乡村建设的整体

设计。"所以乡村建设，实非建设乡村，而意在整个中国社会之建设，或可云一种建国运动。"他的整体设想可以说是以乡村为根本，为起点，来实现中国的复兴。他不仅阐述理论，而且设计了一整套方案，并为此而全神贯注地去实施。既有完整的理论，又有具体的措施，梁漱溟的乡村建设理论就是他精心设计的以儒学为指导思想的复兴民族、建设国家、解决中国问题的整套政治方案。

可见，梁漱溟所谓"乡村建设"远非"建设乡村""救济乡村"这些经济学上的意义，而是一幅济国救世的宏伟政治蓝图。这在当时诸多乡村改造运动中独具特色。

三、梁漱溟乡村建设理论和实践在民国时期乡村运动中最有代表性

20世纪初，米迪刚、王鸿一等即开始提倡"村治"。自1904年起，米迪刚家族就在河北定县办起了一个模范村。到二三十年代，当中国共产党领导农民在苏区进行轰轰烈烈的土地革命的时候，一些开明人士和知识分子在山东、河北、江苏、广东等地掀起一场规模大、时间长、波及广的乡村建设运动，旨在从教育农民着手以改进乡村生活和推动乡村建设。它综合并发展了以前各种思潮的理论成果，加以不同的取舍，从不同的角度、方位、层次以广大乡村为实验园地进行种种实验，取得了丰富的理论与实际成果。

当时从事乡村建设的团体有数百个，实验区、实验点达千余个，遍及全国19个省市的几十个县和成千上万个村。乡村建设的团体和机构，有官办的，有民办的，有学术机关办的，也有政治机关办的。有的侧重于农村教育、平民教育；有的侧重于社会服务、救济灾民；有的侧重于农业技术改良和农业合作事业的推广，还有的侧重于乡村自治。其中，影响大的有晏阳初的中华平民教育促进会，高阳的江苏省教育学院，黄炎培的中华职业教育社，官办的行政院农村复兴委员会和北京、清华、燕京、协和、南开五大学联合创办的华北农村建设协进会。

在乡村建设的热潮中，最为著名的是梁漱溟在山东邹平的乡村建设运动。因为梁漱溟的乡村建设理论与实践是有关国家富强、民族振兴的一整套设计方案，而不是仅仅关于解决乡村问题的。正如他自己所说："我所主张的乡村建设，乃是解决中国的整个问题，非是仅止于乡村问题而已。"这实际上是梁漱溟的乡村建设与其他派别最大的不同。

与其他乡村建设派别细枝末节的乡村改造不同，梁漱溟在山东的实践也是一种内容广泛、意义深远的社会综合发展实验。他在对中国社会结构的剖析、中国社会前途与出路的设计和教育在其所承担的使命等方面见解颇深，出于对中国社会时局的关注与忧虑，使他终于寻觅到"乡村建设"这一解决社会问题的理想途径，他的思想与实践在乡村建设运动中举足轻重、匠心独具，具有很高的学术价值、实践意义。梁漱溟的实践活动，代表着 20 世纪二三十年代乡村建设的最高成就，反映着当时中国的平民知识分子救济农村、复兴中华的思路和方法。所以，梁漱溟的乡村建设理论和实践在民国乡村建设运动中占有重要地位，他甚至因此被美国学者艾恺在《最后的儒家——梁漱溟与中国现代化的两难》中称为"三十年代农村改革的全国发言人"。

四、乡村建设理论是梁漱溟学术思想的总结和最终归宿，乡村建设运动是梁漱溟学术思想的实践结晶

梁漱溟是 20 世纪中国最重要的思想家之一，他的一生经历了几乎一个世纪，从清末到民国，再到中华人民共和国，他的事业和著作差不多涉及了 20 世纪中国的主要事件和运动，其理论涉及中西哲学、佛学、儒学、文化、教育、工业化、农村社会发展等诸多方面。梁漱溟谈到自己一生的学术思想时说道："我自十四岁进入中学之后，便有一股向上之心驱使我在两个问题上追求不已：一是人生问题，即人活着为了什么，二是社会问题亦即中国问题，中国向何处去——总论我一生八十余年（指十四岁以后）的主要心机，无非都用在这两个问题上。""所谓中国社会问题是以中国政治问题为中心，我今日所提倡并实地从事之乡村建设运动，即是我对于中国政治问题的一种烦闷而得来之最后答案或结论。"梁漱溟将中国的出路与人生的意义撮合成一个焦点，从这个焦点出发构建了宏大的文化哲学体系，而乡村建设则是他人心向上，社会本位之理想的落脚点。

梁漱溟一生最重要的四部书按写作先后是《东西文化及其哲学》（1925年）、《中国民族自救运动之最后觉悟》（1931年）、《乡村建设理论》（1936年）、《中国文化要义》（1949年）。梁漱溟对于文化问题的思考，其实最终是要落实在人生问题和中国问题之上的，梁漱溟认为这四部书所叙述说明的"或且直是一个问题，而在我的思想历程上又是一脉衍来，尽管前后深浅精粗有殊，根本见地大致未变"。在《乡村建设理论》中梁漱溟不仅回答了中国社会"是什么""为什么"的问题，而且还提出了解决中国问题的行动方案，即回答了"怎么办"的问题，更为重要的是梁漱溟先后用了近10年的时间对其乡村建设理论进行实践。这足以说明乡村建设理论是梁漱溟理论体系中的"行动理论"，是梁漱溟其他方面理论的逻辑归宿。

五、韩国、日本以及我国台湾地区的许多做法，旁证了梁漱溟乡村建设理论与实践的意义

审视梁漱溟的乡村建设理论和实践，除了度量其本身以及后来者的农村现代化设计、实践外，还可以有另外一种角度，那就是与有可比性的国家或地区比较，它们在农村现代化进程中是如何设计、如何实践的，也就是指按照时间顺序解释不同社会中的社会现象或事物的相似性或差异性。20世纪上半叶与中国农村经济、社会发展有可比性的是周边的日本、韩国和我国台湾地区。从它们农村现代化的进程中，可以看出梁漱溟乡村建设的影子，这可能是不谋而合。日本、韩国以及我国台湾地区的农村现代化进程各具特色，又有共同的特征。这些特征与梁漱溟乡村建设理论相关的内容如下：

（1）它们都在政府的主导下，用和平渐进的手段进行了土地改革，消灭封建土地制度，在农村实现了地权的相对平均化，这是梁漱溟在乡村建设理论和实践中梦寐以求的。梁漱溟的理想是由政府出面来解决农民的土地问题，因缺乏强有力的政府以及对政府的怀疑，梁漱溟对当时的中央政府和地方政府都不抱这种奢望，只能设想通过合作的方法，慢慢解决农民的土地问题，日本、韩国的土地改革正是梁漱溟设想的和平渐进的土地改革方式。

（2）它们都是先恢复农业，稳定农村，然后进一步工业建设。对日本来说，因其工业化水平较高，其工业恢复快。对韩国和我国台湾地区而言，在恢复农业生产以后，在 20 世纪 60 年代都依托"出口替代"的战略实现了工业化。日本、韩国以及我国台湾地区在工业化的过程中，都不同程度地出现过城乡之间、工农之间不平等交换的问题，日本是靠农业保护政策来扶持农业，台湾则是靠"第二次土改"，韩国是靠"新村运动"来解决这种问题。

（3）它们都不同程度地扶持农村工业，引导工业下乡，让农民能够享有工业化所带来的好处，主要是为农民提供农业以外的收入机会，比较顺利地实现了工业化和城市化。在完成工业化以后，又不同程度地实行农业保护政策，保护面临自然和市场双重风险、处于弱势地位的农业。

（4）同梁漱溟的主张一致，它们都比较重视社会中介组织（农业合作组织和农民自治组织）在农村现代化进程中的作用。农业合作组织既提高了农民在市场交易中的谈判地位，又是科学技术进入农村、工业引进农村的有效载体。在台湾地区起作用的是农会及各种专业合作组织，在韩国和日本起作用的是"农协"。这种农民自己的组织不仅为农民的生产提供各种产前、产中、产后服务，还为农民提供各种生活服务，让农民在享受现代化的物质生活的同时，能够享受现代化所带来的精神生活。

（5）它们都比较重视农村、农民的教育，比较重视农业技术教育、合作教育和农民的现代生活教育。在台湾地区是"农复会"和农会一起来做这项工作，在日本这是"农协"的日常工作内容，在韩国除"农协"在做这项工作外，20 世纪 70 年代开始的"新村运动"还特别强调要培育农民"勤俭、自助、合作"的精神，把精神训练视为"新村运动"的最主要内容之一。从日本、韩国以及我国台湾地区农村现代化的进程中，我们或多或少地能够看到梁漱溟乡村建设的影子。

第二节　可资借鉴的时代价值

一、理论价值

（一）站在中华民族伟大复兴的高度来看乡村振兴问题，是梁漱溟给我们的最重要的启示

梁漱溟特别重视近代中国农业社会的特殊国情，把农民和农村问题视为解决中国问题的关键，"只有乡村安定，乃可以安辑流亡；只有乡村事业兴起，才可以广收过剩的劳动力；只有农产增加，才可以增进国富；只有乡村自治当真树立，中国政治才算有基础；只有乡村一般的文化能提高，才算中国社会有进步。总之，只有乡村有办法，中国才算有办法。无论在政治上、经济上、教育上都是如此"。

由此可以看出，梁漱溟在认识上把乡村建设提高到了拯救中华民族命运的高度，希望从乡村建设中探寻出一条促兴农业引发工业、直至复兴整个国家的现代化道路。站在中华民族复兴的高度看待乡村振兴问题，是梁漱溟给我们的最重要的启示。

中国近百年来乡村建设道路探索历程曲折复杂，期间甚至出现了历史性的重大失误，留下了惨痛的历史教训。改革开放以来，随着家庭联产承包责任制的推行，我国乡村建设虽然取得了一定成绩，但随着市场化进程的深化，特别是近些年来，我国中国乡村建设面临许多新问题、新挑战、新困境，乡村建设

始终未见显著成效，与全面建成小康社会的要求还有一定距离。在此形势下，党中央不再满足于局部性的农村政策调整，而从战略的高度全面审视既往政策，以国策的形式全面系统地制定我国乡村振兴战略，无疑是对中国近百年来乡村建设道路探索的历史性突破。

（二）把乡村振兴设计成一个集政治、经济、文化、教育等制度创新于一体的系统工程

梁漱溟在山东等地的试验区所进行的乡村建设是一项涉及政治、经济、文化、教育、社会风俗等在内的综合改革和建设运动。在当时情况下可谓是全方位、多领域、整体性的综合性改革和建设。这种综合性改革和建设就可以避免单一的某一方面、某一领域改革所带来的局限性和相互制约性，从而在综合改革和建设中能相互协调、互补互利、共同发展、实现共赢。更为重要的是，这种综合改革和建设的运动式活动，可以创造一个相对独立的小环境，有利于实施和落实乡村建设的思路和措施。这对我们今天的乡村振兴同样具有启发意义。

乡村振兴必须是一个完整的、系统的内容，不是只强调农村某一方面的建设，而是要使生产发展、生活宽裕、乡风文明、村容整洁、管理民主这五个方面协调发展。这就需要我们按照"党委领导、政府主导、农民主体、社会参与"的方针，对城乡经济、社会、文化、教育等领域进行统筹和协调发展；建立健全机制体制，破除城乡二元结构；调整发展战略，贯彻落实"以工促农，以城带乡"的方针，优化农业产业布局和结构；美化农村环境，建设美丽乡村；延伸城市文明，合理配置城乡教育资源，加快乡村教育改革，提高村民整体素质；建立健全农村医疗保险制度，解决就医难就医贵的问题；加强民主管理，积极落实村民自治制度，推进城乡一体化，加快新农村建设，让广大农民群众共享改革成果。

（三）高度重视中国的传统文化，走出一条具有中国特色的乡村现代化之路

梁漱溟满怀着拯救中国，同时又向世界贡献中国人智慧的双重厚望，力图

通过乡村建设的形式重构中国文化的做法，向我们表明，旧的价值观念、伦理道德经过批判性的改造不是不能为现代化服务的。当代亚洲一些国家和地区的经济奇迹雄辩地表明，传统文化并不是不利于现代化，传统文化可以为现代化服务。如果一味把传统文化和现代化对立起来，实质上是把传统文化一概视为过去的东西，一概斥为一成不变的教条。

中国传统文化既有精华，又有糟粕。传统文化自身所具有的两重性要求我们批判地继承它，既不能一概排斥，又不能盲目继承。我们要坚持历史唯物主义的基本原理、从民族文化的特质及整体系统的实际出发，通过对民族文化动态系统的整体把握，认真地、科学地区分精华和糟粕、优点和缺点，根据时代的要求，清除其糟粕，继承和发扬民族文化的生命力，实现传统形态向现代形态的转变。

中国传统文化在势不可当的全球化浪潮中如何寻求自己新的生存定位，这是当代中国面临的严峻课题，如果中华民族在新一轮的工业化、城市化和市场化的进程中丢失了自己的全部传统文化，那么即使我们在综合国力上赶上甚至超过了美国，也很难理直气壮地宣称实现了中华民族复兴的伟大目标，因为我们自己的文化主体地位已经不存在了。因此，梁漱溟通过乡村建设实现保存并光大中国文明传统的思路，是有着现实启示意义的。但这必须依靠当代人的智慧，通过制度创新的途径来实现，否则靠单纯的复古是肯定挡不住现代文明冲击的。

因此梁漱溟尊重传统文化的思想是我们应该学习的。注重构建农村文化实质上也是精神文明建设的一部分。由于市场经济的不断深入发展，各种思想都涌入农村，乡土观念与外来观念的不断冲突，直接导致的后果是农民原来的宗族观念、伦理思想以及许多传统美德被削弱，而新的团结、合作等观念都没有培养起来。借鉴梁漱溟用"乡约"改造农村，通过大规模的农村教育，构建农村文化，也许不失为一种可行的办法。总之，在建设社会主义新农村的过程中，应该努力探索自己的乡村现代化道路。

（四）继承传统、开拓乡村未来

梁漱溟提出，要正确对待中国传统和西方现代化，他在肯定中国传统的某些价值之后，认为对中国社会的改造，就要在批判性地继承传统的基础上，求助于西方的"团体组织"和"科学技术"两大法宝，并且从农村着手才能取得成功。传统的价值能否适合于现代化，是梁漱溟一生遭遇和力图解决的一个问题。梁漱溟的思想体系中，传统和现代之间不可调和的两极关系并不存在。他的"文化三路向"以及"老根新芽说"，实际上都表明了这一点。更具意义的是，梁漱溟大胆地把这种探讨引向了社会实践。他的乡村建设即是他意欲在实践层面解决这一问题的尝试。如他在邹平的乡建实验中，对乡村的社会秩序、经济发展、文化教育、风俗习惯等都在遵从传统的基础上，做了适合现代社会要求的变化。

梁漱溟对于传统与现代化这一命题的揭示，以及对传统在现实社会价值的肯定，对于我们今天来说，都具有重要的参考价值。如近年来，由于受文化传统明显影响的东亚地区经济的惊人发展，越来越多的人都在思考传统与现代的关系。这种联系，实际上从一个侧面反映了梁漱溟的乡村建设的现代意义。与西方国家自然演进的现代化过程不同，中国的现代化是对西方殖民者入侵与挑战的回应，具有极大的被动性，由此带来的价值观念和社会结构的急剧转型，是西方社会所不曾有过的。因而，中国的现代化既是对世界历史发展趋势的认同，也是一个价值选择的过程。

从 19 世纪初期到 20 世纪中期，在近百年的时间内，中国遭受到帝国主义国家的频繁侵略，几乎每次都以失败和不平等条约的签订而告结束。出于中国生存危机的民族关怀，迫使知识分子在历史发展方向上认同了现代化的时代趋势。众所周知，中国曾发展了世界上无与伦比的纯正圆融的农业文明，与之相适应的一整套系统，数千年来一直是中国人安身立命的根据，它与西方工业文明相遇后暴露了极大的问题。

因此，中国历史上承传下来的传统价值能否适应于现代化，就成为知识分子首先要解决的核心问题，并由此形成了两个完全相反的倾向。一个倾向是对中国文化传统的全盘批评和攻击，认定中国文化传统是现代生活的障碍，必须加以清除，同时提倡更深更广地引进西方文明，其代表人物是陈独秀和胡适；另一个倾向是面对日益增强的西化思潮所产生的文化保守反应，它视来自西方的现代生活为中国的祸乱之源，认定它破坏了中国传统的道德秩序和社会安定，主张维护民族传统。这种文化保守倾向又分两种情况：一种是顽固守旧派，他们把文化传统看得比民族生存更为重要，因而失去了判断社会发展的基本的历史感；另一种是所谓文化传统主义者，他们在中国社会现代化所面临的西方文明与中国本土文明、文化传统与新文化的双重选择面前，既反对"全盘西化"，又不同意"死守国粹"，而主张以中国固有传统为基础，在民族传统的扬弃和外来文明滤收的基础上创造现代化的新文明，完成传统的现代转型，并进而推动社会的现代化。梁漱溟是其典型代表。就梁漱溟看来，现代化过程从根本上说受制于文化传统，一个民族的强弱盛衰，全由这一民族的文化传统决定，"中国的失败自然是文化的失败，西方的胜利也自然是他文化的胜利"。而民族文化传统又是一个整体的系统，是一个民族"生活的样法"。所谓生活的样法，就是人类满足"意欲"而解决生活问题的方法。文化传统的差异体现了人类生活方法的不同，它最终决定于意欲方向所代表的人生态度。

梁漱溟在其乡村建设理论中一直认为，中国的问题不是别的，而是文化传统失调问题。因而他指出，乡村建设要"以乡村为根，要以中国的老道理为根"。那么，"老道理"又指什么？主要有两点："一是以对方为重的伦理情谊，一是改过迁善的人生向上。"伦理情谊主要指孔子所提倡的孝悌慈善，"彼此有情，彼此有义，有情有义，方合伦理""互以对方为重，彼此上负责任，彼此互相有义务关系"，人生向上"就是不以享福为念，而惧自己所作所为有失于理"。即反对争权夺利，主张不以物喜，不以己悲。正如梁漱溟后来在《中国文化要义》中所说的，要完成一个"伦理本位的中国"，一个"以道德代替宗教"的中国。有一点须指明，梁漱溟所提倡的中国文化传统不是"中国封建传统思想"，虽然它带有封建性；他所倡导的是新孔学，是孔子思想的精髓，而不是被后人所歪曲利用的那种儒家思想；他所主张的是孔子理想的"伦理本位"的"理性"的社会。梁漱溟所主张的要"以乡村为根，要以中国的老道理为根"的思想，对我们今天正确处理中国与西方关系，立足于我国实际，走适合自己国情的社会主义现代化建设道路，有极高的借鉴价值。

二、实践价值

（一）必须完全体现农民在乡村振兴中的主体地位，调动农民自身积极性

梁漱溟曾经解释他倡导的乡村建设运动何以名之曰乡村运动，列举了三点原因，"①此建设工作或解决中国问题的工作，必须从乡村入手；②此建设工作或解决中国问题的工作，必赖乡村人自身的力量为主；③此建设工作或解决中国问题的工作的完成，在实现政治重心经济重心都植在乡村的一个全新组织构造的社会"。梁漱溟认为乡村建设的主体应是乡村和乡民。由于梁漱溟的乡村建设运动最终摆脱不了国民政府的影响，未能代表时代的要求、乡村的要求，甚至与农民处于对立地位，结果遭到农民的冷遇。

梁漱溟反思此情此景，我们当代人也应该反思。在乡村振兴过程中，还没有完全做到从农村入手，尊重农民的主体地位，发挥了他们的主人翁作用。现在的农村行政体制主要是自上而下的决策机制，政策的出台不是通过自下而上的民主方法，由乡村内部农民根据实际需要来决定，而是根据社区领导者的意愿和社区外部的行政命令确定的，这种农村公共事业的决策机制，极易导致决策内容脱离农民的实际需要。乡村建设需要规划，需要实践群众路线，发动广大民众的参与，并逐步完善这种制度和机制建设。而且我们今天比起梁漱溟时代更具有这个优势，梁漱溟时代由于阶级斗争的存在，梁漱溟的设想和实践注定是不成功的。而今天全国人民紧紧团结在党中央周围，群众优势是任何国家和任何时代都难以相比的，正因为如此，我们更应该充分实践群众路线，这样才能更好地推进乡村建设。

梁漱溟依据中国文化的理性精神所设计的乡村组织，因其本质上是一种文化构造，不可能也不应该依靠外部强制力推动来实现，所以乡村建设运动除了

需要大批先知先觉的知识分子主动与乡村居民打成一片之外，还需要农民的自觉，只有自觉了的农民，才能形成建设乡村的现实力量。梁漱溟说，谁能救得了乡村呢？除了乡下人自己起来自救之外，谁也救不了乡村。没有乡下人自己主动积极的要求，单靠乡村外部的知识分子来救济乡村是不行的。所谓天助自助者。一个人自己没有要求，他人再努力也不解决问题。所以，农民自己不起来思考得救的办法，即使知识分子甚至政府要真心帮农民的忙，但他们并不了解农民，农民没有配合，结果往往好心害了农民。无论什么都靠农民本身才有生机才有活气。自己有了生机与活气，才可能有力量吸收外边的养料。

当代，乡村振兴抑或农村现代化建设中需要关注乡村主体"人"的问题。对于农民而言，就是要使农民真正成为现代公民。梁漱溟认为"新社会以人为主题，是人支配物而非物支配人"。梁漱溟以儒家思想为导向的乡村建设理论与实践，注重对"人"的精神的培育和提升，民众身上立基础就是要实现农民思想的觉醒以及权利的自主和组织化等，成为乡村改造的主体，人民有自己管理自己的权利，乡村改造和建设才能在农村"生根"，而不是成为"救济"运动。

由此可见，农民权利和组织问题始终是农村建设的核心问题。只有保障农民权利、确立农民的主体地位，乡村建设和改造运动成为农民自己的运动，才可能避免"外来者"离去，"一切恢复原状"的结局。乡村的振兴、农村的现代化关键是人，如何让全体社会成员迎来实质性的独立自主和自由个性，对于脆弱的社会成员而言，必须因应新的社会历史条件，着眼于促进每个社会成员的基本尊严、自主独立，来重构这种社会保护与支持，保障个人权利，确认农民主体地位。

1. 推进制度改革，保障农民作为公民的权利

现代性的基础是以人为本，现代国家体制的基础是个体公民权。新中国成立初期，随着第一次土改"自主选择"和"自由迁徙"的权利实现问题，使得村民社会性地扩张为国家的公民。但学者张静在《现代公共规则与乡村社

会》著作中所说，却"没有使农民作为公民的身份有效参与国家公共行政的现代改造过程"。相反，20世纪60年代初开始，国家通过一系列的制度安排建构了一个城乡分割的二元社会结构，其中以二元户籍制度为核心制度，形成了两种不同的社会身份，对农民而言其缺乏基本的平等权利。与此同时，人民公社制度与集体经济制度的建立，使得农民土地权利也被异化，其导致的后果是劳动生产率低下，长期徘徊于饥荒与温饱之间。秦晖在《"乡村衰败"是什么造成的?》一文中，在对新中国成立以来农村发展问题上，就提出农民权利缺失是核心问题。新中国成立以来的20多年里，中国共产党通过生产资料所有制改造和户籍制两大制度措施，建立起了国家权力对社会和个人的全方位管理。

改革开放以来，随着家庭联产承包责任制的实施，有效解决了农民的生产经营权利问题，温饱也已不再是问题。在市场化转型中"单位制"也逐步走向终结；同时束缚自由流动的户籍制度，以及其他相关制度也逐步松动；社会成员逐步从对国家权力的全面依附中解脱出来。对于农村而言，家庭联产承包责任制将家庭从人民公社组织中脱离出来，随后通过政策松绑促使富余劳动力外出务工，大量的务工农民进一步从家庭和其他传统共同体中流离出来。与社会结构的这种个体化趋势相对应，国家的社会管理和各种新出台的社会政策，越来越以个体而非家庭或其他共同体为执行单位。

与此同时，在社会心理与价值观念上，价值取向从原有的"集体主义"日益让位于"以人为本"，个人的权益成为人们的首要关切。然而随着工业化、城市化的发展，尽管农民权利问题已取得了较大的进展，但农民仍然面临着"自主选择"和"自由迁徙"的权利实现问题。从中国百年乡村建设历程看，农村都积极开展了各类运动，尽管每一次运动都产生了一定的积极影响，但无疑都会面对相同的问题，即正如著名学者钱理群在《我们需要农村，农村需要我们》的文章中发出疑问："中国农村的政治、经济、文化的全面落后于贫困的状况，没有发生根本的改变。这是为什么?"当然对于当代的乡村建设而言，这种问题也依然存在。叶敬忠在其著作《农民视角的新农村建设》

中描述："都无法真正从根本上解决农民自身的问题，……农民并没有成为这些社会工程建设的主体，至少许多外来的干预理论都没有考虑到农民自身的需求和认知。"反而都将农村问题归结为"民生"问题，这种概括无疑具有简单化的倾向，忽视了农民的权利问题，有可能出现农民吃饱了，依然不是自由人的危险，只有社会大众自我组织和自我赋权，才可能自主发展。因此，秦晖在《切实保障人地二权是土地流转的核心问题》一文中说："'农民'问题，尤其是农民的各种权利问题，才是中国，尤其是处于改革和现代化转型阶段的中国的关键性问题。"

所以，必须要彻底改革城乡分治的户籍制度，像冯婷在《从社会革命到社会建设》中所说，"使各种由国家（政府）提供和保障的待遇与社会成员的户籍身份脱钩而与其公民身份相联系……首先必须确立作为'天下之公器'的国家的根本责任，特别是尽可能确保全体社会成员'都能获得一份在其置身的社会中过正常的、不失尊严的生活的基本条件'，也即确保'底线公平'的'兜底'的责任"。将现代性建构在个人权利的基础之上，公民个体的塑造与村落共同体培育关联紧密，保障农民个体权利，亦是促进村落共同体意识产生的重要途径。

2. 凸显农民主体性，提升其参与能力

所谓农民主体性，就是在经济、政治、社会、文化等诸方面都有主导权、参与权、表达权、受益权和消费权等。在国家城市化政策和工业化发展背景下，乡村日渐边缘化且不断空心化，乡村的振兴也显得尤为重要。当然农民如果没有积极性，任何对农村发展设计的理想目标往往也都难以得到实现。尽管中央在"三农"工作中一直强调要重视农民主体性地位，但在新农村建设中，农民并没有充足的发言权，农民主体性地位的问题并未得到尊重和确保。因此，在乡村振兴战略中，需要真正落实农民的主体性地位，才能调动农民参与乡村建设的积极性。

梁漱溟对西方社会的认识极为深刻，他并未停留在表面上弘扬"民主"，而是认识到了西方社会中团体与个人之间的张力，个人享有不受政府、团体干涉的权利，各种团体活动的空间广泛，在法律的保障下个人能积极参与公共事务。可见，主体性的关键议题是权力（权利）与能力问题，实现农民主体性地位就是"还权赋能"，这必须从体制和机制方面进行解决。

在农民获得权利方面，必须保证农民的经济权利、公民权和社会治理权利。首先，确保农民的经济权利。尽管改革最先在农村进行，但农村并未形成真正的市场经济体系。农村改革已40多年了，而在经济体制上城乡依然是二元的。面对农村的市场经济建设滞后现状，必须全力构建城乡融合的市场经济体制。随着乡村振兴战略的实施，农村的诸多资源也必将进入市场交易，如土地和宅基地等资源，这就必须要按照市场经济原则，让农民获得与市民同等的经济权利，诸如清晰的产权、交易权和获益权等。其次，使农民获得与城市居民同等的公民权，包括住房、义务教育、医疗和社会福利等应享权利，也就是要实现基本公共服务均等化，这就需要国家财政体制按照城乡公共服务和基础实施均等化要求来配置各类资源。最后，赋予农民社会治理权利，也就是减少政府干预，实现真正的乡村自治，让村民参与到乡村社会治理之中，有主动权和主导权，依靠村民自己来经营和管理乡村社会生活共同体。

在农民的能力建设方面，政府要在政策与资源层面积极提供支持，培育和提升农民参与乡村发展和治理的各种能力，包括生产技能和合作能力等，促使农民的发展与治理能力方面与乡村振兴要求相适应。一方面，提升生产技能，结合产业兴旺和科技兴农等发展目标，积极提升农民的生产技能，构筑有效的科技培训与传播体系；另一方面，需要加强农民合作能力培养，通过各类合作组织将农民组织起来，还应鼓励乡村之外的社会组织进入到农村，推动和帮助农民参与乡村治理与合作的能力。

总之，在乡村建设或振兴过程中，必须落实好农民的经济权、公民权等基本权利。与此同时，还要给农民赋能，培育农民参与乡村发展的能力，提升农民自我改善生产生活条件的能力，确保农民主体性地位得到尊重和落实。如果离开农民的民主参与，乡村"治理有效"的目标就无法达成。

（二）必须充分发动中国的知识分子积极投身到当前的乡村振兴战略中，并形成一种全社会人人关心新农村建设的新气象

梁漱溟认为，知识分子和乡下人是乡村建设的两大主体，解决中国问题的动力在于二者的结合。他特别看重知识分子对乡村建设的作用，强调上下沟通，希望知识分子能深入乡村，和乡村居民打成一片。梁漱溟指出，知识分子下乡，是改变当时中国农村凋敝的根本方式，也是日趋没落的传统士阶层在现代社会新的事业和使命，更应该成为中华民族救亡和复兴的最佳选择。乡村建设运动的成败，主要取决于广大农民的自觉和知识分子的投入，其中知识分子的投入是先导，农民自觉是基础。他主张"中国问题的发动，不能不靠其社会中之知识分子，而且必须是与外面接触的知识分子。因为问题虽普遍地及于中国人之身，而看见了这个问题的只有他：问题之紧迫虐苦或更在蚩蚩无知之分子，而感触亲切成为问题并有一方向摆在面前的，则必在他"。

改革开放以来，国家建设发展的重点在城市，农村建设长期得不到重视，外界的人才流不向农村，农村的知识分子又频繁流向城市，造成农村知识分子严重短缺。我国农村劳动力文化程度存在着较大的地区差异，与发达国家相比差距就更大。在农村成人教育方面，由于知识分子的缺位和农民受教育程度偏低，导致农村组织建设、民主政治建设、基础设施建设、科教文化建设、卫生医疗建设、乡村规划建设和环境建设等缺乏专业人才和有知识的领导者。因而，乡村振兴是一项任重而道远的事业，知识分子的参与无疑会起到重要推动作用。国家现在越来越重视农村教育和知识分子参与农村建设，积极制定多项政策号召知识分子深入到农村建设实践中去，与广大农民共同劳动、共同创造、共同建设，如大学生支援西部项目的推行、"三下乡"活动、大学生"村官"活动的试行，以及九年制义务教育阶段免学杂费等政策，都说明了这一点。现在农村建设已经引起了全社会的广泛关注，初步形成了人人关心的良好舆论氛围。

这里将从两类知识分子下乡角度探讨当代乡村建设。根据知识层次的区

别，主要应该促成两种知识分子下乡，一种是有一定科研实力或者社会地位的高级知识分子，另一种是未来的社会中坚大学生。高级知识分子有着广博的知识和深远的社会影响力，对于近期的乡村振兴有巨大作用；大学生是未来的主人，但在现在巨大就业压力面前难免无用武之地，而农村可以给予他们历练的平台、广阔的空间，同时也为乡村的未来种下光明的前途。

1. 高级知识分子下乡

当前农村建设最重要的应是建设农村的基础设施。在基础设施条件改善的背景下，国家和政府应该鼓励甚至资助大量学问修养高深的知识分子和文武干部在退休后返归乡村，一方面有利于他们的身体休养，另一方面亦可担负起培育农村文化要素，引导农村文化发展方向的使命。同时积极吸引各方面有较高修为的高级知识分子走进乡村社会，进行农业及相关知识技能传播和教育工作。正如梁漱溟所言："知识分子今后要想在解决中国问题上表现力量，非得与农民联系起来，为农民说话。"梁漱溟本人是北京大学的教授，虽然对于和梁漱溟一起进行乡村建设的人的学历介绍很难看到，但同为乡村建设两面大旗的晏阳初的定县实验的人员中有多达 70% 以上的博士和硕士。因此可知在当时进行乡村建设的人员大部分是当时的高级知识分子。一批专业知识技能水平高，同时具备较高的道德修养而且热心于发展农村的知识分子是农村巨大的发展推动力。如高级农艺师的实地技术指导可能远远超过农民自己学习。这些充满知识和理性的知识分子走进农村，走近农民可以带去新知识、新信息、新技能、新风尚，这种简单而又高效的社会教育方法可以使农民得到实惠。目前农村缺少的正是这种社会教育工作者，所以应该提倡知识分子去条件相对城市差的农村"教学相长"，让他们深入农民群众，深入实际，用自己的科学知识技能指导农民进行生产生活实践，教会农民如何使用新农具进行农业生产，如何运用最新科技，如何学会农产品经营宣传等，为培养真正的有文化知识、懂科学技术、会经营销售的新型农民打下坚实的基础。除此之外，还可利用公共体育场、图书馆、影戏场所等公共场所集中学习培训。总之，高级知识分子对农民进行教育和社会影响的结合，对促进农民素质的提高能发挥巨大作用，能够促使农村居民向新型农民大步迈进。

2. 大学生走向农村

高级知识分子和退休文武干部固然可以短期内有效提高农村的文化氛围和水平，有利于培养农民的科学知识和道德素养，但他们的到来对于广大农民来说也仅是输血而非造血，造血则要使从农村走出去的大学生从城市回到农村参与乡村振兴。当然，如果城市大学生愿意来农村也是可以的，梁漱溟就是一个地道的城市子弟。对于很多农民子弟来说上大学就是为了离开农村，实现自己跳出"农门"的卑微愿望。无论是民国还是当今，城乡的巨大差距都导致了农村人才的严重外流和农村文化建设者的匮乏，直接导致了农村文化衰弱和无力。但在如今大学生就业难的市场背景下，大学生在城市已经如过江之鲫，为了找到心仪的工作耗费了很多的时间、精力和青春。如果国家给予资金和政策的支持，鼓励城市过剩的大学生去乡村工作和创业，在解决了大学生就业难的同时，也给新农村建设输送了造血的骨髓，因为回农村的大学生基本上还是从农村走出去的。虽然民国时期的大学生并没有现在那么过剩，甚至于中学生占的国民比例都很小。然而民国时期的大学生去农村的比例却较现在大很多。现在的"大学生村官"就体现了大学生下乡的意义，但仅仅只是以村官的形式还是不够的，应该以各种形式、各种渠道来激发大学生建设乡村的热情，并且使他们在乡村也能自我实现其人生价值。比如，师范类的大学生回乡任教；农林类的大学生回乡进行农林科研；销售和管理类的大学生沟通城乡之间物流和信息；建筑、设计、美术、音乐等类别的大学生都可以在农村找到属于自己的发展空间。当然，前提是国家和政府给予政策与资金的支持以及当地农民的欢迎。

回农村的大学生不仅可以对农村的发展做出贡献，同时，他们在农村的锻炼，对于以后的发展也会产生巨大的推动作用。梁漱溟曾经说过，中国的老根只保留在乡村，将近一个世纪的时间过去了，我们会发现依然如此。只有真正理解了中国的"老根"才有可能在以后的时间里得到巨大的发展空间，这可以由从南到北的读经热看出一些端倪，其实读经的同时可以去农村历练一段时间，也许会得到更多。农村的历练可以使他们从道德素养到实际能力都得到提升，而中国独特的人情伦理社会只有在农村才能体会得最深刻。因此，大学生下乡可以实现大学生发展和新农村建设造血的双赢。

（三）必须强调教育为本在乡村振兴中的特殊地位，通过提高农民整体素质来改造农村

梁漱溟认为："教育……天然要转向乡村，由于方向的探索，也一定要归到教育……教育家为了方向的探索，也不能不归到乡村建设。"梁漱溟认为，乡村建设中启发农民自觉、提高农民素质最重要的手段就是教育。所以，在梁漱溟的乡村建设理论中，进行乡村建设需要调动农民的积极性，农民素质的提高才是关键。教育是占有绝对重要地位的。就目前来说，教育在乡村振兴的过程中，应该占有极其重要的地位。当代阻碍中国农村发展的一个重要方面，恐怕就是农村教育滞后导致农民素质低，而无法胜任实现农业现代化的重任。梁漱溟以社会为导向的教育思想，确能给我们当今乡村振兴以有益的启示。

我们可以从梁漱溟的乡村建设思想中得到三个教育为本的重要启示：一是基础教育要提高教师素质，强调中小学教师的社会功能；二是成人教育培养农民农业知识技能的同时注重精神训练；三是职业教育以农为方向，提倡多渠道发展农村职业教育。

1. 基础教育阶段强调中小学教师的社会功能

现在教师培训上提到一个响亮的口号就是教师专业化，认为教师应该像医生和律师一样成为一个专业，拥有专业知识技能和专业精神，并且有专门的从业范围。这就会使中小学教师认为自己只是具有学校教育功能，而不注重自己的社会功能。但梁漱溟却认为，作为教师也应该发挥自己的社会功能，这些思想值得反思。梁漱溟认为，乡学村学（可以类比为现在的农村中小学）的教员不仅是学校的教师，还应该是"乡村运动者"。职责不仅仅是教书，还负有推进社会建设事业的责任。"乡学村学的教育是广义的，教员的责任亦即是广

义的教育功夫——村学乡学的教育，本以阖村人众为教育对象，要在推进社会为主，而亦将通常学校教育归包在内。故教员责任不以教书为足，且不以能教学校学生为足。"因此，在梁漱溟的新社会组织乡学村学中，作为知识分子的教员的作用非常关键。他们是乡学村学和农村组织与社会运动这个大系统相互联系的纽带，是用一种新眼光、新知识和新方法去帮助农民解决生产中的实际问题的。如果把农村建设大系统比作社会的总指挥部，那么乡学村学教师就是很多细微的神经末梢，与这个总指挥部相联系，才能解决种种乡村问题，促进农村各项建设事业的发展。

现在的农村，以中小学教师的文化水平最高，他们是本乡本村的文化高地，新农村的文化建设离不开他们的积极参与。他们不能只是在学校里做专业的教师，而应充分发挥农村中小学教师的文化资源优势，对周围乡村民众进行教育和指导。从事文化设施的管理和应用，以及带领学生或者其他民众编排节目，丰富农民的文化生活。城市的教师不需要担负这些责任，而农村的教师要担负更多的农村建设责任就必须发挥自己的社会功能。发挥教师的社会功能并不会降低对农村教师质量的要求，相反，对于农村教师的要求更高，这需要教育部门给予农村教师更高规格的培训和补充高质量的教师；在教师的职业之外的工作还应该适当给予补贴，以调动教师工作的积极性。梁漱溟的乡学村学教员，多是乡村建设研究院的毕业生，在任教期间还会不时受到乡村建设研究院的在职培训。现在乡村振兴中也应该由政府主动作为联络中心，联合高校和研究院所，开设一所专门培养非专业化的农村教师的研究院所、培训机构或者学校，用以对农村教师进行培训和指导，以及整合教师文化资源。一个教师的力量毕竟有限，所以需要一个组织来统一支配，整合乡村教师资源，形成合力，发挥最大的社会效用。

2. 成人教育培养农民农业知识技能的同时注重精神教育

梁漱溟认为，农村成人教育不能仅进行知识技能的传授，更重要的是应该加强对农民的精神陶冶。目前培养新型农民，知识技能的学习是毋庸置疑的，但精神教育却鲜有同步进行。梁漱溟创立的乡学和村学，不仅是传授知识的教育组织，更重要的是将其作为培养农村民众"人心向上"精神的社会政治组织。他认为："所谓教育不但在智慧的启牖和知识的创造授受，在调顺本能使生活本身得其恰好。"他这里提到的"本能"即人的"情意"，也就是精神。梁漱溟始终认为情意（精神）教育比知识教育更加重要，他说："生活的本身全在情意方面，而知识一边——包括固有的智慧与后天的知识——只在生活之工具。工具弄不好，固然生活弄不好，生活本身（即情意方面）如果没有弄得妥帖恰好，则工具虽利将无所用之，或转自贻戚，所以情意教育更是根本的。"在当时梁漱溟进行精神教育的最终目的是重塑农村被冲击而破坏的伦理道德体系，从传统旧文化里转换出适应时代的新文化来。

90 多年过去了，新的伦理道德体系依然没有完全建立起来，整个社会依然承受着道德下滑的短板。所以，今天新农民的培养可以借鉴梁漱溟的精神训练的方法，在培养新型农民时，重视精神的教育。把情意教育放在重要的位置，把精神教育和知识技能的教育结合起来，培养高知识、高技能、高修养的新型农民。另外，不能只是由外在的动力和压力来教育训练，更要培养农民的自学和自省能力。梁漱溟说，教育不是教你成功干什么，而是教你更会受教育，让你学习更会学习。对大多数农民而言，不仅要教会他们当前需要的知识技能，更要重视他们以后的发展。自我教育和自我学习不仅能提高学习知识技能的水平，而且唯有自我教育才能真正达到情意精神的自我完善和道德人格的自我超越。今后的农村成教要在精神教育方面加强，加上知识技能的培训，这样才能培养出在知识技能和情意精神两个方面都达到新时代新农村物质文明和精神文明要求的新型农民。

3. 职业教育以"农"为方向配置专业，培养未来的新农民

农村的现状决定了农民的居住特点不会如城市那般密集，而是分散布局的，又忙于农业生产，在如今民工潮全国大流动的情况下，更增加了农民职业教育的难度和必要性。面对这样一个数量庞大而情况复杂的群体，在教育模式

上绝不能照搬普通教育和城市职业教育那种学校式的办学模式。而要对这群特殊的教育对象运用特殊的教育模式，要因材施教、因人施学、因业施导。梁漱溟在邹平进行乡村建设时就认为各乡学村学可以根据本地实际需要开设特色课程，如植树造林课、农民自卫课，等等。目的是"施以其生活必须之教育，其与本村社会中各分子皆有参加社会，并从而改进现社会之生活能力"。在很多乡学都开办了职业训练部，用来教授农民需要的农业知识技能和其他与农业相关的知识技能。另外，在合作社的基础上广泛开展合作教育，以培养农民团结互助的合作精神。无论梁漱溟在邹平施行的职业教育有多少种类，但有一点是共同的，即都是以"农"为方向，以农业、农民和农村为主要服务对象，而不是为农民进城做准备和使农村向城市看齐。

在如今的乡村振兴中也可以借鉴梁漱溟的经验，根据各地村镇的不同情况，开设乡本和村本课程。对于新农民的职业教育应该以农业知识技能和相关知识为主要内容。这些知识技术包括新技术、新品种、新农具和新农艺的培训，特别是现代农业技术操作管理的教育和新实用技术的培训；农产品的深加工培训，使农民通过掌握农产品的深加工技能提高农产品的附加值从而增加产品的市场竞争力；市场信息收集分析和农产品营销培训，培养农民的市场意识和竞争意识等。在教学形式上，可以采用组织专题讲座、分类编班授课和开展巡回教学等形式，可以收到事半功倍的良好效果。新农村建设中职业教育应该以"农"为方向配置专业，以农村为中心，以农民为对象，以农业为重点。在组织形式方面可以把城镇的职业学校分成小的学校或者组织分散到各个乡村，或者联合当地的初中，这样可以增加职业教育和本地情况的适应性。另外，在当今市场经济的条件下，单个或者一户农民不足以产生足够的市场竞争力，因此要团结合作。建立类似邹平合作社的组织是一个很好的策略，当今的农村已经有大量类似的组织，但没有形成规模，没有足够的影响力，还有待发展。如果在合作组织的基础上对农民进行职业技术教育，就可以达到理论与实践相结合，取得事半功倍的效果。

参考文献

一、参考书目

[1] 梁漱溟：《中国民族自救运动之最后觉悟》，中华书局 1933 年版。

[2] 梁漱溟：《乡村建设论文集》，乡村书店 1936 年版。

[3] 梁漱溟：《山东乡村建设研究院邹平实验区概况》，山东乡村建设研究院 1936 年版。

[4] 梁漱溟：《人心与人生》，学林出版社 1984 年版。

[5] 梁漱溟：《梁漱溟教育文集》，江苏教育出版社 1987 年版。

[6] 梁漱溟：《我的努力与反省》，漓江出版社 1987 年版。

[7] 梁漱溟：《忆往谈旧录》，中国文史出版社 1988 年版。

[8] 梁漱溟：《梁漱溟全集》，山东人民出版社 1990 年版。

[9] 梁漱溟：《梁漱溟学术论著自选集》，北京师范大学出版社 1992 年版。

[10] 梁漱溟：《中国文化要义》，上海人民出版社 2003 年版。

[11] 梁漱溟：《梁漱溟自述》，河南人民出版社 2004 年版。

[12] 梁漱溟：《东西文化及其哲学》，商务印书馆 2005 年版。

[13] 章元善、许仕廉：《乡村建设实验》（第一集），中华书局 1934 年版。

［14］章元善、许仕廉：《乡村建设实验》（第二集），中华书局 1935 年版。

［15］江问渔、梁漱溟：《乡村建设实验》（第三集），中华书局 1937 年版。

［16］千家驹、李紫翔：《中国乡村建设批判》，新知书店 1936 年版。

［17］陈序经：《乡村建设运动》，大东书局 1946 年版。

［18］严中平：《中国近代经济史统计资料选辑》，科学出版社 1955 年版。

［19］艾思奇：《批判梁漱溟的哲学思想》，人民出版社 1956 年版。

［20］李紫翔：《梁漱溟的四十年》，新知识出版社 1956 年版。

［21］冯友兰等：《梁漱溟思想批判》（论文汇编），上海三联书店 1959 年版。

［22］汪东林：《梁漱溟问答录》，湖南人民出版社 1988 年版。

［23］宋恩荣：《晏阳初文集》，教育科学出版社 1989 年版。

［24］毛泽东：《毛泽东选集》，人民出版社 1991 年版。

［25］山东省政协文史资料委员会、邹平县政协文史资料协会：《梁漱溟与山东乡村建设》，山东人民出版社 1991 年版。

［26］马勇：《梁漱溟评传》，安徽人民出版社 1992 年版。

［27］山东省邹平县地方史志编纂委员会：《邹平县志》，中华书局 1992 年版。

［28］朱汉国：《梁漱溟乡村建设研究》，山西教育出版社 1992 年版。

［29］马东玉：《梁漱溟传》，东方出版社 1993 年版。

［30］钱穆：《中国思想史》，台湾学生书局 1995 年版。

［31］曹跃明：《梁漱溟思想研究》，天津人民出版社 1995 年版。

［32］从翰香：《近代冀鲁豫乡村》，中国社会科学出版社 1995 年版。

［33］李凌已：《梁漱溟学术文化随笔》，中国青年出版社 1996 年版。

［34］周晓虹：《传统与变迁》，上海三联书店 1998 年版。

［35］牟钟鉴：《走近中国精神》，华文出版社 1999 年版。

［36］郑大华：《梁漱溟学术思想评传》，北京图书馆出版社 1999 年版。

［37］郑大华：《民国乡村建设运动》，社会科学文献出版社 2000 年版。

［38］夏明方：《民国时期自然灾害与乡村社会》，中华书局 2000 年版。

［39］李德芳：《民国乡村自治问题研究》，人民出版社 2001 年版。

［40］贺雪峰：《乡村的前途——新农村建设与中国道路》，山东人民出版社 2001 年版。

［41］苑书义等：《近代中国小农经济的变迁》，人民出版社 2001 年版。

［42］董江爱：《山西村治与军阀政治》，中国社会出版社 2001 年版。

［43］阎秉华、李渊庭：《梁漱溟年谱》，广西师范大学出版社 2003 年版。

［44］陈序经：《中国文化的出路》，中国人民大学出版社 2004 年版。

［45］复旦大学历史学系、复旦大学中外现代化进程研究中心：《近代中国的乡村社会》，上海古籍出版社 2005 年版。

［46］李长莉、左玉河：《近代中国的城市与乡村》，社会科学文献出版社 2006 年版。

［47］张成良：《融媒体传播论》，科学出版社 2009 年版。

［48］周宪、童强：《现代与传统之间》，北京大学出版社 2010 年版。

［49］梁培恕：《中国最后一个大儒——记父亲梁漱溟》，江苏文艺出版社 2011 年版。

［50］［美］艾恺：《这个世界会好吗?：梁漱溟晚年口述》，东方出版中心 2006 年版。

［51］［美］艾恺：《最后的儒家——梁漱溟与中国现代化的两难》，王宗星、冀建中译，江苏人民出版社 1992 年版。

［52］［美］杜赞奇：《文化、权力与国家——1900—1942 年的华北农村》，王福明译，江苏人民出版社 1996 年版。

［53］［美］列文森：《儒教中国及其现代命运》，郑大华译，中国社会科

学出版社 2000 年版。

［54］［日］内山雅生：《二十世纪华北农村社会经济研究》，李恩民等译，中国社会科学出版社 2001 年版。

二、学术论文

［1］郑黔玉：《试论梁漱溟乡村建设的文化哲学基础》，《贵州大学学报》2000 年第 4 期。

［2］郭占锋：《基于文化社会学的梁漱溟乡村建设思想研究》，《广西社会科学》2014 年第 4 期。

［3］朱汉国：《梁漱溟乡村建设性质新论》，《史学月刊》1995 年第 6 期。

［4］徐秀丽：《民国时期的乡村建设运动》，《安徽史学》2006 年第 4 期。

［5］李善峰：《梁漱溟的现代化思想初探》，《东岳论坛》1996 年第 4 期。

［6］许爱青：《梁漱溟乡村建设理论与实践研究》，山东大学硕士学位论文，2008 年。

［7］向钊.《现代化视角下对梁漱溟乡村建设运动的分析》，复旦大学硕士学位论文，2011 年。

［8］李黎明：《梁漱溟乡村建设研究》，河北师范大学硕士学位论文，2008 年。

［9］崔慧姝：《梁漱溟乡村建设运动及其争议研究》，南开大学博士学位论文，2012 年。

［10］张建军：《寻路乡土:梁漱溟、晏阳初乡村建设理论与实践比较研究》，浙江大学博士学位论文，2019 年。